嶺南畫庫

赵浩公

ZHAO HAO GONG

陈 滢 编著

SPM 南方传媒 | 嶺南美術出版社

中国 · 广州

图书在版编目（CIP）数据

赵浩公/陈滢编著. —广州：岭南美术出版社，
2024.2
(岭南画库)
ISBN 978-7-5362-7600-0

Ⅰ.①赵… Ⅱ.①陈… Ⅲ.①赵浩公—生平事迹
②中国画—绘画评论—中国—现代 Ⅳ.①K825.72
②J212.05

中国版本图书馆CIP数据核字(2022)第240662号

出 版 人：刘子如
策划编辑：刘一行　翁少敏
责任编辑：翁少敏　徐　凯　吴芷璇
责任技编：谢　芸
责任校对：梁文欣
印章篆刻：梁晓庄
装帧设计：紫上视觉 刁俊锋 黄隽琳

赵浩公
ZHAO HAOGONG

出版、总发行：岭南美术出版社（网址：www.lnysw.net）
（广州市天河区海安路19号14楼　邮编：510627）
经　　销：全国新华书店
印　　刷：中华商务联合印刷（广东）有限公司
版　　次：2024年2月第1版
印　　次：2024年2月第1次印刷
开　　本：889㎜×1194㎜　1/16
印　　张：11.25
字　　数：183.9千字
印　　数：1—1000册
ISBN 978-7-5362-7600-0

定　　价：258.00元

参与单位

广州艺术博物馆

香港艺术馆

香港中文大学文物馆

支持单位

广东省博物馆

总序

刘斯奋

广东绘画，源远流长。唐代的张询、宋代的白玉蟾，开创了广东绘画的先河。自此以后，人才辈出。明代早期的颜宗及宫廷画家林良、何浩等，承继宋元遗韵，享誉主流画坛；明末至清早期，广东画坛名家云集，各擅胜场：袁登道的米氏云烟山水，张穆的鹰马，高俨、赖镜、李果吉、汪后来的山水，伍瑞隆、赵焞夫的水墨花卉，彭睿壦的兰竹等，不仅在岭南画坛交相辉映，即使在中国画史上，也享有很高声誉。清代乾隆、嘉庆以后，广东涌现出一个文人画家群，如黎简、谢兰生、甘天宠、冯敏昌、张锦芳、吴荣光、黄丹书、梁蔼如等，多以诗书画"三绝"著称，其画作融合文人纵逸不羁意趣，达到很高境界。道光、咸丰年间的苏六朋、苏仁山则以人物画奇峰突起，开创了岭南绘画的新篇章。

清末民初，以居巢、居廉为主流的花鸟画家，代表了这一时期岭南绘画的最高成就。居廉的弟子高剑父、陈树人及高氏胞弟高奇峰等创立了融合中西的"岭南画派"，以崭新面目崛起于画坛，引起强烈反响。他们的传人如关山月、黎雄才、赵少昂、杨善深等人薪火相继，其影响一直延续至今。与此同时，以"国画研究会"为主体的一批画家，如潘龢、赵浩公、姚粟若、黄般若、邓芬、李耀屏、卢镇寰、黄君璧、黄少梅、张谷雏、何冠五、卢子枢等，以守护传统为己任，与"岭南画派"分庭抗礼，使此一时期出现了争鸣互动的活跃局面。

作为曾经唯一的对外通商口岸，广东很早就受到西方绘画影响。晚清时期，广东的外销画是我国美术史上一道奇异的风景，至今具有重要的认识价值。与此同时，一批画人远赴海外，学习西洋技法，成为中国早期油画的先驱，李铁夫、陈抱一、李超士、冯钢百、谭华牧、关金鳌、胡根天、司徒乔、吴子复、王道源、李秉、余本、陈福善、杨秋人、王少陵、赵兽、梁锡鸿、苏天赐等便是其中的佼佼者。

广东也是中国现代版画、漫画、水彩画的发祥地之一。受时代潮流影响推动，涌现出一大批名家，廖冰兄、谢海若、赖少其、罗清桢、李桦、梅健鹰、胡一川、陈卓坤、陈烟桥、杨讷维、胡其藻、顾鸿干、唐英伟、张在民、张影、罗映球、黄新波、古元、荒烟、王立、周金海、温涛、梁永泰、张慧、王肇民、陈望、余所亚等创作了一大批直面现实、反映社会变革的美术作品，其意义已超越作品本身。

今逢民族振兴，国运昌隆。文化建设已被提上重要位置。广东人文艺术研究会本着弘扬优秀传统文化、鉴古以开今的愿望和宗旨，在中共广东省委宣传部及广东省文学艺术界联合会的指导和支持下，遂有编纂《岭南画库》之举——按照岭南绘画发展的历史脉络，挑选出不同时期具有代表性的画家和作品，并约请相关专家、学者进行深入研究，以图文并举的方式陆续加以出版，以期为广大读者了解岭南绘画的发展及其成就提供较全面的展示和参考。

为乡邦整理文献，我们深感责任非轻；面对全新的尝试，我们尤其觉得经验缺乏。为着把这套大型丛书尽可能编纂得严谨周详一些，庶几稍减来者之讥，竭诚期待方家识者不断提出改进意见。

2011年1月5日于广州

内容提要

在20世纪前期的广东画坛，赵浩公是一位不可忽视的人物。赵浩公从古画店的小学徒起步，遵循传统的画学道路，经过长期刻苦的学习，遂成一代名家。赵浩公是20世纪前期广东捍卫传统绘画的中坚人物，他参与创立的癸亥合作画社与国画研究会，是广东传承、弘扬传统画学的著名社团，在当时造成了相当大的声势。在20世纪前期广东画坛“传统派”与“折衷派”的激烈论争之中，赵浩公旗帜鲜明、刚直猛烈，留下了响亮的历史回音。在绘画实践中，赵浩公更是以融汇古今、推陈出新的创作，在岭南留下了具有相当分量的作品，以其绘画作品的本身，证明了中国画传统道路的现代价值。

目录

《大众画报》1934年9月第11期第30页赵浩公像，摄于六榕寺（黄般若摄）

赵浩公研究

引 言

图一 赵浩公中年照

赵浩公（1881—1948，祖籍广东台山），名浩，字士毅，号石佛、秀石，别署浩气、牛口、离合浩子、牛口水、赵王孙、大宋王孙，斋名无所容居、赵倚楼、千甓精庐、黄石斋。

赵浩公是20世纪前期广东画坛的一位十分独特的画家。他从小到古画店当学徒，很早就涉猎艺术市场。他遵循传统的学习方式，对中国古典绘画进行了长期的精深的研究，有着深厚的传统画学造诣，终成岭南一代名家。

赵浩公生活的时代，是古典文化与现代文化、东方文化与西方文化激烈碰撞的时代。在那个风云际会的时代，赵浩公是广东维护“中国艺术学统的正义”❶的一面旗帜——他强烈反对20世纪初中国画坛的全盘否定传统、唯洋是举的民族虚无主义，以复兴民族艺术为己任；参与创立捍卫传统画学的著名社团癸亥合作画社与国画研究会。他强烈反对以东（西）洋绘画来改造中国画，坚决维护中国绘画自身的独立性、正统性；在当时广东画坛“传统派”与“折衷派”❷的激烈论争之中，旗帜鲜明、刚直猛烈。他既不遗余力地继承传统，又不断努力地发展创新，以其融汇古今、推陈出新的绘画实践，阐述了中国画独特的本质特点与审美趣味，又证明了中国画传统道路的现代价值。

在岭南—广东现代美术的历史中，赵浩公留下了不可磨灭的足迹。

❶ 赵浩公：《国画研究会是怎样成长起来的》，见广州《中山日报》，1947年9月13日。

❷ 后称“岭南画派”，由高剑父、高奇峰兄弟（人称“二高”）、陈树人及“二高”的学生组成。

循传统道路入中国画堂奥

赵浩公从小到古画店当学徒。他遵循传统的方式，从摹古仿古入门学习中国绘画。为适应艺术市场的需要，赵浩公对历史上各家各派的绘画兼容并包，力学精研，有着深厚的传统画学造诣，终成岭南的一代名家。

从小学徒到绘画名师

1881年（农历辛巳年）七月初九，赵浩公生于广州，祖籍广东台山。

赵浩公小时候家里较为贫困，但他很好学，阅览广博，因此有一定的文化基础。年少的赵浩公很顽皮，他曾跟着几个邻居去赌博，祖母发现以后就把他关了起来。他说他不赌了，让祖母送自己去学画吧。于是，祖母就把他送到亲戚在广州开的一家古画店里。

1894年，13岁的赵浩公到广州司后街（今越华路）五云亭的古画店当学徒。该店的业务以经营古今名画为主、装裱为辅，老板是彭宜宾。

按照当时的行规，学徒进店必须先在伙房打杂一年，然后再到装裱房跟班三年。因为赵浩公粗通文墨、人又机灵，被彭宜宾认为可以栽培；遂被免去杂务，令其一面学习装裱字画，一面学习临摹古画。

古画店经常收到残破不堪的旧字画，在进行重新装裱、修复后待价而沽。赵浩公在裱画师傅的指导下系统学习传统的装裱技艺，在这个过程中，他接触到大量的中国历代书画原作。他用心从事装裱工作，在工作中潜心揣摩中国古代书画的各家各法，每当古画店有古代的名迹巨制装裱，他必定细心临摹。日积月累，少年赵浩公渐入中国传统绘画的堂奥。

在古画店的日子里，赵浩公认识了广东著名的收藏家辛仿苏、何荔甫，以及外省一些有名的古玩商人，如北京琉璃厂铭珍斋的老板韩敬斋、北京的古董商马澍元以及上海的古董商程炳生（秉泉）等人，好学的赵浩公跟从他们学习到不少的鉴古知识。

赵浩公从16岁开始参股经营画肆“兰雪斋”（位于今广州市越华路），从而认识了以仿古著称的画家王竹虚。王竹虚（？—1924，原籍浙江，落籍广东番禺），名根，以字行。王竹虚精于绘事，以临摹历代名人绘画为业，尤得宋元诸家精髓。在广东的古玩市场上，王竹虚仿制的古代名作常常以假乱真，迷惑了不少行家。但是王竹虚不事经营，又沉迷于鸦片，弄得自己十分拮据。

他常常为解燃眉之急，持画到兰雪斋低价出售。赵浩公对王竹虚的技艺十分敬佩，对其遭遇十分同情，常以自己微薄的工资加以接济，并虚心向其求教。王竹虚既感激赵浩公的好心帮助，又欣赏赵浩公的悟性与才能，遂收赵浩公为徒，悉心教导。

赵浩公在王竹虚的门下，广泛涉猎中国历代绘画的各家各法。王竹虚精于宋元诸家，对赵浩公影响尤深。而王竹虚在古画行业的人脉，又为赵浩公接触古代书画原作提供了不少的机会。

经过长时间的刻苦学习，赵浩公全盘继承了王竹虚精湛的仿古技艺，而且超越了老师：如王竹虚不能写各家书法、不能刻印、不懂装裱，而赵浩公则是无所不能、无所不精的多面手，可谓青出于蓝而胜于蓝。

一方面，赵浩公的学画环境，既不是传统的有丰富古代书画珍藏的阀阅世家与书香门第，也不是新式的具有现代意义的美术学府，而是属于工匠之列的裱画行业（赵浩公亦有“裱画佬”之称）与鱼龙混杂的文物艺术市场（古玩市场）。与前两者的高雅相比，赵浩公这个出身多少显得有点“俗”。赵浩公学画的环境，虽然没有那么多的“书卷气息”，却具有丰富的“实践经验”。教导赵浩公的古董商人、仿古画人，虽然没有高深的文化、没有多少的理论知识，也没有显赫的学历，但是他们成天泡在艺术市场里，见到的东西非常之多，“实战”的经历非常丰富。他们向年轻的赵浩公传授的，往往是在几十年的买卖实践中领会的诀窍、绝招。

而另一方面，由于面对的是社会、是市场，赵浩公没有什么艺术的偏见。他无论对明清以来备受文人推崇的“南宗”[1]绘画，或是对被文人视为“匠气”的“北宗”[2]绘画，都一视同仁，都一样精心钻研。他为了适应市场的需要，包容广泛，兼收并蓄。长期大量地临摹中国古画的原作，特别是与市场、利润挂钩的仿古临摹，使赵浩公练就了广泛、全面、深厚的绘画技艺。而赵浩公身处的艺术市场，艺术品的流通量是非常巨大的。长期大量地接触中国画的真迹与赝品，赵浩公练就了一双“火眼金睛”——他既是现代广东的著名国画家，又是著名的古书画鉴定家，其鉴定能力与其绘画相辅相成，相得益彰。

赵浩公学徒出师以后，有了工资收入，父亲就要他成亲。媒人给他介绍女子，赵浩公就说“我只要乡下姑娘，乡下姑娘能吃苦，我穷的时候她也不会嫌弃我”，结果他去惠州乡下娶了一个文盲姑娘。赵妻虽然不识字，但是心灵手巧，后来在赵浩公的指导下也开始学画画，但作品都没有流传下来。

1914年，赵浩公与好友卢镇寰合伙，全面顶承了兰雪斋。卢镇寰原来是学“写真”的，1909年赵浩公将他招入画店学裱画，两人十分投契，赵浩公为

[1] 董其昌在《画禅室随笔》中，将文人的水墨写意画称为“南宗”画，奉唐代“禅、诗、画三者一脉贯通”（钱锺书语）的大诗人王维为“南宗”画的始祖。见《画源》，董其昌著，屠友祥校注：《画禅室随笔校注》卷二，上海远东出版社，2011年。

[2] 所谓的“北宗”绘画是指盛行于唐、宋的写实绘画。此类绘画以状物摹形为追求，以工整细致的双钩线条描摹物象的轮廓，再层层晕染设色，造成缜笔华彩的形式效果。

卢镇寰刻有“平生金石结良朋”的印章。卢镇寰后来又将自己的兄弟卢观海介绍给赵浩公，卢观海亦加入兰雪斋一起干。赵浩公与卢镇寰、卢观海兄弟遂有“兰雪斋三友”之称。

此时的赵浩公与卢镇寰在广州的古书画、装裱行业已经有了相当大的名气。他们开店之后，不少著名的收藏家皆送名卷珍轴来店里修复，兰雪斋的生意越做越好。此外，兰雪斋的画师们还参与广州的一些社会活动，如广州著名的佛教圣地六榕寺的佛像摹绘。据记载，“六榕寺解行精舍成立，舍中所陈密坛佛像，如不动明王像、大日如来像及准提普贤文殊等法相，均聘兰雪斋画友一手摹画，色相及结印手法，多有独到之处，非普通画人所能企及者。画成，诸佛徒如王弘愿、赵士觐等，皆觉满意赞叹焉”[1]。

赵浩公与卢镇寰、卢观海三人同心协力，使兰雪斋的业务日益发展、兴盛。当时的赵浩公，已经是广东艺坛的一位知名人物。他于绘画、书法、篆刻、装裱、鉴定诸方面无所不能、无所不精，是当时并不多见的“全才”型人物。

1916年，赵浩公以卖画赚来的钱，在兰雪斋对面的择仁里（位于今广州市越华路）买下两套大房子，一套安家，一套用来做绘画教室。赵家筑园而居，房子很大，据赵浩公的女儿赵端回忆，当时送柴的人进了厨房就迷路，怎么都摸不出来。[2]

在今天的广州市越华路，当年兰雪斋的位置现在是银行和便利店，对面的择仁里已经消失不见，几栋后来建造的楼房矗立在那里，赵浩公与卢镇寰的后代都是这里的回迁户。

1916年，35岁的赵浩公与卢镇寰、卢观海兄弟在择仁里开设“山南画社”。山南画社既是传统派画家的一个雅集场所，又是一个广收门徒、教授画学的地方；凡入社者即为永久社友，随时可以来画社问学。

山南画社的活动一直持续到1938年广州沦陷前夕。画社培养了一批传统型的画家，如余菊庵、廖全、劳洁灵等人，都是在山南画社拜赵浩公为师的。

在绘画与授徒之外，赵浩公还爱好文物收藏。1918年，广州拆除古老的城墙修筑道路，赵浩公不惜以重金收购拆卸下来的古老砖瓦，“其精者几乎尽归之”[3]，赵浩公因而将自己的室名起为“千甓精庐”，并篆“甓庐”的印章。

赵浩公的生活充满了情趣。他爱弄花草，家里的院子有几十盆盆栽。此外，还栽种了很多植物。赵浩公还是个美食家，对饮食颇有研究。他在外面吃了什么好吃的，回家之后就要写入自己的食谱里……

[1] 宝珠：《广州画人之佛像能手》，见香港《探海灯》，1937年7月24日。

[2] 据赵浩公的女儿赵端的回忆（《广州画卷·赵浩公》之《后人访谈》），见广州《南方都市报》，2010年5月24日。

[3] 据黄大德（黄般若之子）编撰的《赵浩公年表》，见朱万章、郭燕冰主编：《广东“国画研究会”研究》，岭南美术出版社，2010年。

尽管赵浩公在岭南画界已经有了很大的名气，也积攒了相当可观的金钱，但是他一直保持着朴素的本色。他穿长衫，从来不系第一个扣子；不喜欢丝绸的衣物，唯一的蓝丝绒长袍还是妻子给他缝制的，他只穿了不到十次。不管去见谁，赵浩公都是粗布短褂，一副体力劳动者的打扮。女儿赵端第一天上学，赵浩公陪同去填写报名表。后来老师看到“父亲”一栏就对赵端说：“你父亲就是赵浩公啊？他很朴素的，穿鞋不穿袜。”

赵浩公很喜欢劳动。他经常光着膀子，只穿一条“牛头裤”在院子里浇淋花草，每天都要淋几十桶水。有一次，有个上海商人到家里来请赵浩公作画，看到一身体力劳动者打扮的赵浩公在浇淋花草，还以为他是个用人。

赵浩公具有平等意识。那个年代，逢年过节用人们都会向主人磕头，赵浩公从来不许来这一套，与用人们平等相处。[1]

赵浩公对自己的老师更是一如既往地尊敬、爱护。1919年，王竹虚病重，自知将一病不起，特地作了《崖门独吊图》一画赠予赵浩公，赵对此视如珍宝。1921年，赵浩公将此画送到广东省第一回美术展览会展出。适逢国民党的政要林森前往参观，林森对此画爱不释手，以百金恳请赵浩公转让。赵浩公将款项全数交给王竹虚治病，并引领林森探望王竹虚。

赵浩公的性格耿直刚烈、疾恶如仇。赵浩公是家里的长子，他不让自己的兄弟们纳妾买婢女。赵浩公有个弟弟做盐业生意，家境殷实，想纳妾生儿子，赵浩公就破口大骂。[2] 1930年，国画研究会在六榕寺举办画展，赵浩公带人在寺内张挂展览横幅。此时有两个外省的武人无视六榕塔前“年久失修，严禁登塔”的告示，欲强行登塔，被寺内的工人阻止，两武人竟与工人大打出手。赵浩公前往劝之，亦被推。赵浩公大怒，猛然手执两武人的衣领，将其拽住，使他们不能撒野。两武人无奈，只得骂骂咧咧离去。又如1937年，选送全国美展的作品在广州预展时，某画人违反展览条例，私自移动自己作品的位置，在场者敢怒不敢言。赵浩公闻讯，即率领工役持画竿赶来；赵浩公对此人宣读展览章程中关于“出品人不得擅自挂画”的条例，读毕，他即命令工役将画挂回原处。

…………

与赵浩公同时代的文化人，对赵浩公的人格十分赞许。黄般若曰：“赵先生的性情是真率的，刚毅的。”[3] 邓尔疋则这样描写赵浩公：“平素健硕，神采轩举，短衣不袜，高谈谐笑，磅礴之气，每惊四筵，非裙一屐少年所敢望也。”[4]

从临摹入门的习画之路

赵浩公学习绘画，走的是一条传统的道路——从临摹入门，在“师古人”

[1] 赵浩公的上述言行均据其女儿赵端回忆。

[2] 据赵浩公的女儿赵端回忆。

[3] 黄般若：《品艺并高的赵浩公》，见香港《星岛日报》，1948年12月12日。

[4] 邓尔疋：《记赵浩公》，见香港《星岛日报》，1948年12月12日。

方面下过很大的功夫。

中国传统绘画的学习、创作过程可以分为三个阶段：一是“师古人”（学习传统）；二是“师造化”（感悟自然）；三是“师心源”（自我创造）。

在“师古人”阶段——即中国画的学习入门阶段，临摹古人就是入门之道。远在东晋时期，大画家顾恺之就著有“模写要法”，他的《论画》[1]通篇记的是临摹的方法——“传移模写”诸技法，该篇首句为：“凡将摹者皆当先寻此要，而后次以即事。”该文对临摹的方法、绢素、运笔诸项都讲得非常细致，开中国画临摹说之先河。南朝齐的谢赫在其《古画品录》中，把“传移模写”列为著名的“六法”之一，成为中国画体系之中的重要法则。唐代的张彦远在其中国画史名著《历代名画记》中记载：“古时好拓画，十得七八不失神采笔踪。亦有御府拓本，谓之官拓。国朝内库、翰林集贤、秘阁，拓写不辍。承平之时，此道甚行；艰难之后，斯道渐废。故有非常好本，拓得之者，所宜宝。既可希其真踪，又得留为证验。”由于古人重视对名画名迹的临摹，所以宋元以前的一批经典绘画得以流传下来，如晋代顾恺之的《女史箴图》和《洛神赋图》、隋代展子虔的《游春图》、唐代阎立本的《步辇图》、张萱的《虢国夫人游春图》与《捣练图》、五代顾闳中的《韩熙载夜宴图》等，皆为后人的摹本。

从明代后期开始，中国画坛上的临摹渐成风气。到了清代，临摹日益成为绘画的重要内容，故有一朝绘画大半是临摹画之说。明清两代又是临摹的集大成时代。从明末的董其昌到清初的“四王”（王时敏、王鉴、王翚、王原祁），都用毕生的精力去“摹”“仿”“临”“抚”前人的作品，完成他们“集大成”的历史使命，也为后世留下了无尽的话题。

传统的中国画体系尽管十分强调临摹，但临摹始终只是作为学习中国画的手段、方法，而不是目的。学习中国画的目的是创作、创新——建立在传统基础之上的、自成一格的创作、创新。在中国古代的画理、画论之中，这样的论述比比皆是：

> *摹仿古人，始乃惟恐不似，既乃惟恐太似。不似则未尽其法，太似则不为我法……摹拟者假彼之意，非我意之所造也。*
>
> ——［清］方薰《山静居画论》

> *学一半，撇一半，未尝全学，非不欲全，实不能全，亦不必全也。诗曰：“十分学七要抛三，各有灵苗各自探。”*
>
> ——［清］郑板桥《板桥题画兰竹》

[1] 一说是《魏晋名臣（胜流）画赞》，后来有考证曰，张彦远在《历代名画记》中将《论画》与《魏晋名臣（胜流）画赞》两个题目搞颠倒了。

诚从古画中多临多记，饮食寝处与之为一，自然神韵浑化，使蹊径幽深，林木荫郁。古人之画皆成我之画，有不恨我不见古人，恨古人不见我之叹矣。故临古总要体裁中度，用古人之规矩格法，不用古人之丘壑蹊径。诀曰："落笔要旧，景界要新。"何患不脱古人窠臼也？

——［清］唐岱《绘事发微 · 临旧》

就连一生热衷于临仿古人的董其昌，也明确指出："学古人不能变，便是篱堵间物"[1]，"未有学古而不变者也"[2]。董其昌以及之后的"四王"，在一生的"临""仿"过程中，不断注入自己创造的因素。他们的不少绘画虽然题上"临""仿"的文字，但无论是造型，或是笔墨，都与母本相去甚远，成为一种脱离原作的、自我个性的表现，从而将临摹升华为一种独特的创作形式：

于是自出精意，自辟性灵，以古人之规矩，开自己之生面，不袭不蹈，而天然入彀，可以揆古人而同符，即可以传后世而无愧，而后成其为我而立门户矣。自此以后，凡有所作，偶有会于某家，则曰仿之，实即自家面目也。余见名家仿古，往往如此，斯为大方家数也。

——［清］沈宗骞《芥舟学画编》

以往被认为是中国画"创新派"的代表，与"四王"相对立的明末清初著名画家八大山人与石涛，其实与学古亦有着密切的关系。八大山人与石涛的学画历程都是从临摹开始的；到了晚年，他们仍在借鉴前人的优秀画作。八大山人的绘画以特立独行、惊世骇俗著称，但他的山水画入门却是宗法董其昌，兼学元代的黄公望与倪瓒。八大山人对毕生仿古的董其昌极为尊崇，他从早年到晚年都在临摹董氏的画作。他画山水，几乎都用董其昌的笔法，但是表现出来的，却绝不是董氏的秀逸平和、明洁幽雅，而是他自己的枯索冷寂、抑郁悲愤。他74岁时画的《山水轴》，其笔法虽极似董其昌，但境界却大相径庭，完全是他自己的面貌。

石涛以"搜尽奇峰打草稿""我之为我，自有我在"[3]名世，但是他早年的画作却无一不是从古人的作品中演变而来的，他学画的渊源，大体在明代的陈老莲、沈周和"元四家"（黄公望、王蒙、吴镇、倪瓒）之间。他对沈周是钦慕备至的，他的山水画的某些体貌，是从沈周的画作而来；他的山水画的某

[1] 董其昌著，屠友祥校注：《画禅室随笔校注》卷二，上海远东出版社，2011年。

[2] 董其昌著，屠友祥校注：《画禅室随笔校注》卷一，上海远东出版社，2011年。

[3] 见窦亚杰编注：《中国历代书学画论丛书——石涛 · 苦瓜和尚画语录》，西泠印社出版社，2006年。

些形体，是从倪瓒的画作而来。[1] 他曾说："古人虽善一家，不如临摹皆备。不然，何有法度渊源？"[2] 八大山人、石涛与中国古代无数的画人一样，在临摹方面下了相当大的功夫。但是他们只是把临摹作为学习的手段，"具古以化"[3]，融会贯通，古为今用，古为己用。正如石涛所言，"纵有时触着某家，是某家就我也，非我故为某家也，天然授之也。我于古何师而不化之有"[4]。

在传统的艺术环境中浸润成长、由传统方式培养出来的赵浩公，对中国画的"法则"是无比尊崇的。赵浩公学画，走的是一条传统的先"师古人"、再"师造化""师心源"的道路。他从临摹古画起步，投入几十年的时间，在临摹方面下过"死功夫""硬功夫"，从而进入中国画艺术的堂奥。他通过对传统绘画的大量临摹（包括对临、背临、变临），掌握了中国画笔墨的基本技法与艺术程式，建立绘画理法的基本概念；了解中国画的各个门类、不同的风格流派，增进艺术的感受能力与鉴赏能力。

据时人的记载，赵浩公"初年习花鸟，取法恽南田，弱冠，转师童西爽及陈老莲笔法，有心得后，深造于林良、吕纪两大家，遂得宋元法宗基础"[5]。他从中国传统绘画的精粹——笔墨入手，力学精研，下了长期的过硬的功夫。他临摹过许多的古画，并兼习书法、篆刻与诗词，从多方面吸取传统文化艺术的养分。更难能可贵的是，赵浩公突破自明代以来岭南画坛一直承袭的近古文人画之水墨写意流风，上追宋元，溯源隋唐，遍临"南宗""北宗"各家各派的绘画，包括人物、山水、花鸟、楼阁等画科，涉及工笔、写意、水墨、重彩、没骨等技法。赵浩公对中国传统绘画那种全面、精深的学习研究，在近现代的岭南画坛，甚至在岭南绘画的历史之中，都是十分罕见的。

赵浩公深谙在传统的中国画学习中临摹的原义——不是机械地复制，也并不完全是原作的翻版，而是一个选择性的学习过程：通过临摹经典的名家名作，把握中国画经过漫长历史的沉淀而凝练下来的精粹的造型程式与笔墨语言，进而把握中国绘画的形式体系。赵浩公是一位高明的临摹者。他以"悟"为先导，着重领会古画的精神，吸收古画的神韵。他通过对原作的观察、分析、思考，再进行判断、取舍、组织、重构；以自己的感悟，再现原作的外在形态和内在精神。赵浩公早年临摹的古画已经散佚，不知踪影；但是从他20世纪20年代以来的大批画作中，可以看出赵浩公深厚扎实的传统笔墨功夫，以及其融会贯通的高超本事。

赵浩公在"全方位"临摹古画——学习传统的基础上，将他领悟到的博大精深的中国绘画传统——包括文人画、院画、民间画等溶化为"自我"：他既熟练掌握淡雅清逸的"文人墨戏"，又有着精深的宋院画造诣，他那饱满充

[1] 谢稚柳：《关于石涛的几个问题》，见谢稚柳：《鉴余杂稿》，上海人民美术出版社，1979年。

[2] 石涛：《石涛画论》，见俞剑华编：《中国画论类编》，中国古典艺术出版社，1957年。

[3][4] 见窦亚杰编注：《中国历代书学画论丛书——石涛·苦瓜和尚画语录》，西泠印社出版社，2006年。

[5] 见香港《大光报》，1942年10月5日。

实、缜笔华彩、雍容富丽、古雅精致的工笔画，在20世纪前期的岭南画坛可谓独步一时。

同代人对赵浩公精湛的绘画造诣有着高度的评价：

浩公腹贮万卷，心贯六法。山水、佛像、花卉、翎毛，勾勒皴点皆极精到，可入神品。标持健药，眼学尤邃，旁治金石。画无不临，楮叶可乱，清湘、南田，屡移人目。小至题跋、装池、篆刻、钤拓，并皆内行，无毫忽不合者。外省画人黄宾虹、汤定之、余绍宋、张大千诸子，先后来游吾粤，咸相推重焉。

——邓尔疋《记赵浩公》[1]

赵浩公，这是一个多方面的作家，山水兼北宗、元四家、清四王之法；花鸟有院本的双钩，亦有南田的没骨。

——长平《癸亥合作社》[2]

令人惊叹的仿古造诣

经过长时间的刻苦学习与大量实践，天资聪颖的赵浩公掌握了高超的摹古仿古技艺，成为广东一位知名的仿古画家。据黄般若回忆，赵浩公“所仿的多为唐宋名迹，如唐人的仙佛，韩幹的人马，黄居寀、赵昌的勾勒花鸟，马远、夏圭的北派山水，都仿得很好”，他还能“仿各家的书法，宋徽宗（赵佶）的瘦金体，恽南田的行书，王梦楼的楷书，随手写来，很为相像”[3]。

赵浩公在20岁后曾致力仿制古代的金碧界画。他费时数月，精心制作了《汉宫行乐图》，该画结构宏大，笔法精致，华彩生辉，在恢宏中见精微，再现了古画的技法、风格与神韵，十分精美。尽管得到的报酬十分微薄，赵浩公却不以为苦，而是乐在其中。

蛰居在广州一间小画店的赵浩公和他几可乱真的仿古画，因为一个偶然的机遇，走出了岭南，在北方流传开来，并辗转流传到海外。赵浩公高超的仿古造诣，随之声名远播。

民国初年，随着清王朝的覆没，大批清宫旧藏的历代名画被溥仪等人带出故宫，流入市场。外国买家闻风而至，纷纷来到中国的北京、上海，在古玩市场中大肆搜购，一时间供不应求，古画市场的货源告罄。此时，有一个上海人伍某，以经营宣纸画绢以及装裱字画材料用具为业，行贩于北京、上海、广

[1] 见香港《星岛日报》，1948年12月12日。

[2] 见广州《天行报晚刊》，1946年11月1日。

[3] 黄般若：《赵浩公的画》，见黄般若著，黄大德编：《黄般若美术文集》，人民美术出版社，1997年。

州之间。一日，伍某在广州的兰雪斋见到板墙上装裱的赵浩公的院体花鸟画，大为惊叹，认为此画非北方画家所能；于是告诉赵浩公京沪古画市场的火爆情况，并以丰厚的利润为条件，与赵商量合作的事宜。于是，赵浩公仿制的古画，由伍某亲自带往北京，以高价转手给京城的画商。不到一个月，即全部售出，大受买家青睐。之后，广东仿古高手赵浩公的名气，渐渐在北方的古画市场流传开来。一时间，京沪等地的画商纷纷向赵浩公订购古画摹仿本，从宋代《宣和画谱》所记载的唐五代名迹，到元、明、清的名家名画，或历代有著录的绘画，包罗广泛，源源不断。

赵浩公的仿古画，一般都是按照订单绘制的。他极为忙碌，常常日夜赶制，持续数年之久。赵浩公模仿的古画，不但在布局结构、笔墨技法、精神气韵、风格特征等方面高度相似，而且在题跋、款字、印章、印泥，以及在用纸、绢和装裱方面，亦做到惟妙惟肖，其“乱真”之本事令人叹绝。

如赵浩公临摹元代大画家钱选（字舜举，号玉潭等）的《梨花图》卷，其母本是钱氏的代表之作，流传有绪。而赵浩公的摹本则力追钱选的笔墨、风格之神韵：用笔松秀、线条雅逸、色彩清淡、意态灵动，正可谓“幽兰如高人……蔷薇秀而野，海棠艳而醺，春塘老手妙入神，落笔幻出花之真”[1]。

1926年10月，国民革命军攻克武汉，陈铭枢任武汉卫戍司令。陈氏在湖北督军萧耀南的公馆搜获一批字画，其中有“清初六大家”之一的恽寿平（恽南田）的花卉四屏，经人鉴定为“真迹”“精品”。时任广州国民政府委员、财政部部长的古应芬北上慰劳北伐军，在陈铭枢的司令部见到这四屏画，赞叹不已，陈铭枢就把这四屏画作为礼物相赠。古应芬得到后爱不释手。他回到广州后，在公馆中宴请一众画家。在酒席之间，古应芬高兴地出示这四屏“恽寿平真迹”，并问赵浩公：“赵浩老，你以为如何？”赵浩公幽默地回答道：“当然是真的啦，这是我几年前画的嘛！”顿时满座大笑不已。[2]

又如赵浩公作于1926年的仿古画《拟惠崇江南春图》《仿马钦山人物小景》《学刘松年笔法》《师郭学阳用笔》，几幅画均为广东著名画家邓芬题签，被时人称为“深得古人的精妙”。

著名学者容庚（1894—1983，广东东莞人）的《颂斋书画小记》，记载有赵浩公于1928年所作的四屏《仿宋元山水》。从赵浩公在这四幅绘画的题识中，可见其仿古心得之一斑：

1. 渔村图拟夏禹玉长卷一角，未得其万一。石佛写于雪斋中。

2. 摹李唏古渔父图意，石佛浩。

[1] 张之翰：《题钱舜举春塘三花图》，张之翰：《西岩集》卷四，见《钦定四库全书·集部·别集类》（文渊阁影印本），总1204册，商务印书馆，1986年。

[2] 木易：《赵浩公仿古乱真记》，见香港《大公报》（黄大德收藏剪贴件），日期不详。

3. 拟梅花庵主笔法于雪斋，石佛。

4. 仿盛子昭笔法似，欣持先生教正。己巳小阳，石佛。

赵浩公的诸多仿古画，其印鉴或为人挖去，或被人涂抹污损，以当作真迹兜售。这些仿古画大多流向北方市场，有部分再辗转流向海外。据黄般若称：“日本人买他所仿的最多，从日本出版那部唐宋元明及宋元明清画册，赵氏作品很多，而欧美的博物馆，收藏的也不少。”❶ 郑春霆也说，赵浩公临摹的古画在日本流通最多。

1927年，古应芬在美国华盛顿的博物馆见到中国唐代大画家韩幹的《五马图》，对随行的李仙根（曾任孙中山侍从秘书）说：“此乃稀世之宝。”李仙根即拍摄而归。李仙根回广州后约见赵浩公，谈及在美国所见的中国古画真迹甚多，并出示《五马图》的照片。赵浩公说：“此图靠右的一匹马是我补上去的，题签、藏印也是我做的。”并详细讲述了仿古的经过：当年程秉全以三千元向陈同勋购得此画时，画中只有四匹马，特求赵浩公补画一马，酬金为一百元。赵浩公因未见过韩幹《五马图》的真迹，颇为犹豫；后来得知朋友处藏有一幅明代的缂丝绣《五马图》，乃借来参考、补画，凑足“五马”之数。后来程秉全又求赵浩公加作“明代题签”，给两百元；代刻古人藏章，再加两百元。经过赵浩公之手修补的这幅“韩幹《五马图》”，被程秉全以两万元卖给了上海的大藏家、大画商庞虚舟。庞虚舟则将该画编入其《虚舟藏画录》中，然后以十八万元的高价卖给了美国的博物馆。❷

在中国的绘画历史中，摹仿古书画早已有之。摹仿古书画大致有两种情况：一是临摹，二是作伪。临摹，或是为了保存古迹，或是为了学习经典，或是应人之请；摹仿者在书画上明确署上“临”“摹”的款字。作伪，就是制造赝本，其目的或是养家糊口，或是谋取暴利。在明清时期，各地参与作伪的人数众多，已经成为一个行业。大量赝本的流传，为辨别中国书画的真伪造成了很大的困扰，因此产生了一门学科——书画鉴定。

赵浩公的摹仿古书画，则是临摹与作伪兼而有之。在临摹方面，赵浩公有一方印章为“浩公摹宋元名迹”，钤在其摹本的画面之中。如收藏在广东省博物馆的赵浩公《摹钱选〈梨花图〉》卷与《摹倪瓒〈山水图〉》卷，都钤有此印。《摹钱选〈梨花图〉》卷绘于抗日战争时期，当时赵浩公得知此卷“沪贾衔某倭寇命欲以重值夺去，东莞黄君般若托友人借得原迹，各摹一本”❸。如前所述，赵浩公的不少仿古画，其注明“摹仿”的印章往往被人挖去，当作真迹兜售。

❶ 黄般若：《赵浩公的画》，见黄般若著，黄大德编：《黄般若美术文集》，人民美术出版社，1997年。

❷ 木易：《赵浩公仿古乱真记》，见香港《大公报》（黄大德收藏剪贴件），日期不详。

❸ 赵浩公：《1938年临摹元人钱舜举〈梨花图〉卷之跋》。

在作伪方面，赵浩公则按照订单为京沪的画商绘制了大批的赝品，其作伪的原因，首先是牟取利润，改善生活，这是无须讳言的。而赵浩公得到的报酬，与操纵古画市场的庞虚舟、程秉全等人所获取的暴利相比，只是九牛一毛。❶ 据赵浩公后人所述，在20世纪前期外国藏家纷纷来中国搜罗古画名迹的历史背景下，赵浩公当时的作伪，除了牟取利润外，还有一个愿望就是通过卖出假画而将真迹留在中国。

赵浩公在摹仿古书画方面的高超技艺，还得到了一些政界人士的赏识。如曾任孙中山秘书的林直勉与赵浩公交好，林直勉曾计划以三年为期，提供赵浩公一切所需，使赵以全力摹仿古书画，从五代至清代的名家名作，俱一一仿制，然后前往日、英、法等国展出。但后来因林直勉去世，且时局多变，这个计划随之夭折。

赵浩公对中国传统绘画（包括“北宗”画与“南宗”画）那种长期的、系统的、精深的临仿学习，在岭南绘画的历史中是前所未有的；赵浩公那精湛的摹古仿古的功力，在当时的广东画坛，更是无人能够超越的。

广东传统画苑的中坚人物

赵浩公之所以出名，不仅是因为他精湛的传统画学技艺，更是因为以他为核心的坚守传统的美术社团“癸亥合作画社”与“国画研究会”，以及他所主导的颇有声势的美术活动和薪火相传的教学活动——这一切，使赵浩公成为现代广东捍卫传统绘画的中坚人物。

癸亥合作画社的始创

以赵浩公为创始人之一的癸亥合作画社，是现代广东著名的美术社团。回顾癸亥合作画社的成立，还得从“广东省第一回美术展览会”讲起。

1921年（民国十年）12月，广东省政府拟主办“广东省第一回美术展览会”，并向全省各地征集展品。

展览会由当时的广东省省长陈炯明任会长、高剑父任副会长，以省长的名义聘请审查委员，其中“国画”部分的审查委员为潘至中❷、温其球（字幼菊）、赵浩公、姚礼修（字粟若）、李凤公❸、高剑父、高奇峰等人。展览会在广州的太平沙设立筹备处，审查市属各县选送上来的绘画作品。

❶ 参见黄般若《赵浩公的画》、刘泽霖《广州古董字画苏裱业的一些内幕》、木易《赵浩公仿古乱真记》。

❷ 潘至中，名龢，字至中、致中，以字行。

❸ 李凤公，名凤廷，以字行。

在回顾这一段历史之时，必须先介绍一下高剑父（1879—1951，广东番禺人）。高剑父于20世纪初数次到日本游学，并在日本加入孙中山创建的中国同盟会，在早期的国民革命中出生入死。高剑父从政治革命到“艺术革命”，他借鉴自明治维新以来融合西画技法的近代日本绘画，构筑自己“新国画”的理论——“折衷中外，融汇古今”，以“现代事物”的题材内容与“折衷中西”的形式语言等“国画革新”闻名天下。

赵浩公在征集、评选画品的过程中，强烈反对高剑父将其具有浓郁日本风格的“折衷画”视为“新国画”——赵浩公认为“折衷画”是从日本抄袭、模仿过来的，两人由此产生矛盾。有称性格倔强刚烈的赵浩公因为针对高剑父，所以将自己的名字改为“浩气”。❶ 因为观点、理念的严重分歧，赵浩公不愿与高剑父共事，特分别致函展览会的正、副会长，要求辞去国画审查委员一职。

赵浩公致展览会会长、广东省省长陈炯明函如下：

敬肃者　顷奉钧函。谬蒙以美术展览会国画审查员见委。自忖愚昧，何以克当。窃思审查一席，非有优良学识者，未克膺任。浩气愚昧，恐贻东郭吹竽之诮，有负钧座提倡斯会之谐。用特肃函恭谢。伏希察情俯允，另聘贤能，曷胜欣幸。肃此敬颂钧安。❷

赵浩公致展览会副会长高剑父函如下：

顷奉　省长钧示。蒙以美术展览会国画审查员一席见委。浩气自忖愚昧，未敢奉命。顷已肃函恭谢，避席让贤，惟思先生主任斯会，于审查员之选聘当有舆盟。尚祈亮鉴。浩气此次不就该席原因，当有不得已之苦衷在。务希代向省长座前，善为婉辞，俾卸仔肩，免贻士，不然则浩气惟有自将出品取消，拼作美术界之逋口而已。冒昧沥情，幸勿责怪。肃此即颂台祺。❸

陈炯明接到赵浩公来函后，即复一函：

径复者　昨接大函，诵悉一是。先生对于美感教育，素擅专长。正当借重品题，指导后进，所有此次美术展览会审查一席，务请勉任，幸勿固辞。此复。即颂台绥。❹

❶ 见黄大德编撰：《赵浩公年表》，见朱万章、郭燕冰主编：《广东“国画研究会”研究》，岭南美术出版社，2010年。

❷❸❹ 见黄大德收藏的旧文献剪贴件、复印件（无文件或报刊的名称与日期）。

由于陈炯明的挽留，赵浩公勉强留下来担任国画审查委员，但是他与高剑父的分歧根本无法弥合。据当时担任“西画审查委员”的胡根天回忆，“在这一次美展评选一开始又出现了争论。争论的结果，就不得不把国画出品分成两部分：一部分由‘二高’等负责评选，另一部分由姚礼修、赵浩公、李凤公等负责评选”❶。

广东省第一回美术展览会于1921年12月20日至1922年1月20日在广州举行。展览的作品大致分为三个部分：一是引进的西洋画；二是具有日本风格的“折衷画”；三是传统的中国画。

在广东省第一回美术展览会之前，“赵（浩公）氏绘画向极珍秘，不轻示人，而社会人士，也不知赵氏写得如此好画，到开幕时，赵氏等出品，幅幅巨制，以北宗山水及双钩花鸟应征，一新粤画风格。（观众）无不叹为观止，从此赵氏能画之名，不胫而走”❷。

经过这次展览，赵浩公强烈感觉到必须在中国画领域“拨乱反正”，遂与同道中人商议，成立一个以弘扬传统中国画风格为主旨的绘画社团。于是，癸亥合作画社应运而生。

1923年（农历癸亥年）7月，42岁的赵浩公与潘至中、姚礼修、黄般若、罗卓（罗艮斋）、卢镇寰、黄少梅、卢观海八人以1923年的干支为名，结“癸亥合作画社”于广州司后街小东营。后增邓芬、卢子枢、黄君璧、张谷雏、何冠五、李瑶屏六人，一共十四人。

癸亥合作画社正式向广东省署呈请立案。其立案呈文如下：

> *呈……*
>
> *窃维图画一门与历史极有关系，吾国自伏羲画卦以来，史皇作图，有虞作绘，爰及姬周，置设色之官，专绘画之事，周礼所纪，粲然明备。此外鲁班画神怪，楚庙画圣贤，秦画宫于堵，汉画壁于殿，见于史册，不一而足，然则吾国昔时之重视画学，概可见已。夫立国于世界之上，必有一国之特性，永久以相维系。而后其国始能以常存。图画关系一国之文化，与山川人物、历史风俗，同为表示一国特性之征。观于日美之文化兴盛，而国势日强，印度之美术衰落，而国土就灭，未尝不以发扬国光，实为今日之要务也。考吾国画史，两汉以前，注重实用，魏晋丧乱，神话渐兴，故神鬼仙佛之图特盛，是为神画与实用画错综时代。唐宋稍近升平，作者多自表性情，发挥个性，以争雄长，而画派因以分南北，有元一代，多山林隐遁之士，而*

❶ 胡根天：《记六十年前广东第一次全省美展的风波》原稿，黄大德收藏。

❷ 黄般若：《赵浩公的画》，见黄般若著，黄大德编：《黄般若美术文集》，人民美术出版社，1997年。

*淡逸一派以兴，明清履承平之会，画学亦称盛一时。降至今日，士多鄙夷国学，画学日久衰微，非急起而振之，恐文化荡然，将为印度之续。某等有见于此，用是联合同志，设立斯社，以研究国画振兴美术为宗旨。谨将章程，连同社员名册，呈请省长核明，准予立案，以垂久远，实为公便。*❶

癸亥合作画社拟定画社同人每周于广州惠爱西路（今中山六路）的西园或城隍庙的寰乐茶肆雅集，交流画艺，合作绘画（画社取名“合作”即此意），以画润充当饮食资金。在民国成立之后，广州的国画界盛行一种“雅集”的风气，即画家们聚集在一起，饮茶吃饭，即席挥毫作画；癸亥合作画社的雅集，是其中较为固定的。赵浩公与画社同人合作的绘画，留存下来的佳作有《芭蕉荷花图》（与姚礼修合作，1924年）、《米芾拜石图》（与罗卓合作，1924年）等。

赵浩公晚年在其文章中这样提到“癸亥合作画社”的成立：

民国十二年，岁次癸亥，我们几个朋友组织一个癸亥合作社，准备来年开一个展览会……

*我们想，清末民初时期，广东画风萎靡不振，我们几个不自量力的，大胆地立下一个志愿，把历代绘画的成业，简练揣摩，振开风气，幸而啼声初试，收得些微的成效……*❷

癸亥合作画社的成立，得到了南粤一些文化名人的支持。如邓尔疋为画社篆刻“癸亥合作画社”之印，并作两诗贺之：

说文始一画，周易终未济。来年甲子新，岁环自有例。
*画盟有部落，何以正名称？豪墨吾曹任，天人卜中兴。*❸

1924年8月17—21日，癸亥合作画社在广州的番禺师范学校举办第一回国画展览会。当时广州的《民国日报》刊登了《国画展览大会预志》：

近有图画家多人，以年来西洋画及折衷画，渐渐拓大势力，诚恐国画日就衰亡，现为提倡国画起见，特发起癸亥合作社，专事注重研究国画，使国粹日进于发扬，并定于本月十七至廿一日，一连五日，

❶ 见黄大德收藏的旧文献剪贴件、复印件（无文件或报刊的名称与日期）。

❷ 赵浩公：《国画研究会是怎样成长起来的》，见广州《中山日报》，1947年9月13日。

❸ 转引自黄大德编撰：《赵浩公年表》，见朱万章、郭燕冰主编：《广东“国画研究会”研究》，岭南美术出版社，2010年。

*假座番禺师范学校开国画展览大会，预定陈列之国画，自宋元以至清嘉道时者，可四百余幅，逐日更换陈列。合作社同人之合作画，可百余幅，个人作品每个至少十幅。合作社同人作品，均可出售，售得之款，仍为提倡国画之用，其余只供参考云。*❶

这次展览共展出社员的合作画101件、个人作品178件、古画藏品287件，并印行癸亥合作画社的展览画目（场刊）。赵浩公当时送展的是《无量寿尊者像》《桃花源图》《草虫图》《三友图》《鹧鸪图》《文鸟图》《黄鹂新柳》《花鸟图》《松》《仿文徵明山水》共10幅作品。

癸亥合作画社展览的出品全部销售一空，在购画者之中，有胡毅生、林直勉、赵公璧等政要名流。

1925年8月19—23日，癸亥合作画社举行第二回国画展览会，仍以广州的番禺师范学校为展览地。这次展览共展出合作画149件、个人作品178件、古画藏品287件，并出版社刊《癸亥合作画社》。

在这次展览中，赵浩公展出有《重笔勾勒子母鸡》《细笔勾勒茶花双鸽》《淡笔勾勒谷丰禽乐》《没骨派绣球黄鸟》《仿滕昌祐白鹅》《北派春江水暖》《仿白阳山人墨花》《仿青藤道人牡丹》《书包六松石》《临恽正叔岁寒三友》《仿新罗山人花鸟》《鬼面皴山水》《大泼墨山水》《小五岳图》。

据当时广州的《七十二行商报》记载，“闻此次同人杰作甚多，陈设旧藏画亦不少，故该社特印就展览券分送各界如期赴会参观……是次画展，同时出版展览场刊”。所有展出作品，“合有一百三十余位朋友定下”“及至闭会时真个一张也不留得，全数光了”。

癸亥合作画社的第二回国画展览会“对社会的吸引不减于第一回”，成绩“确乎引起许多人的注意，同时也惹得别一方面的反感”，引来那些“企图人混宗支的日本画派的嫉视”❷。于是画社内外出现一种呼声，“不只癸亥合作社的社友，还有社外的画友，甚至不是写画的朋友，都主张中国绘画的学统有维持之必要，更需要一个健全的组织。就在民国十四年间，我们便筹备组织国画研究会”❸。

癸亥合作画社还积极参加社会的公益活动。如1925年7月，为援助因“五卅惨案”而起的工人罢工，癸亥合作画社同人发起挥毫卖画活动，当时广州的《民国日报》进行了《合作社卖画援助工人》的报道：

❶ 见广州《民国日报》（黄大德收藏剪贴件），1924年。

❷❸ 赵浩公：《国画研究会是怎样成长起来的》，见广州《中山日报》，1947年9月13日。

此次吾国工人罢工援助五卅沪案，凡我市民，尤当与以维持，癸亥合作画社同人有鉴于此，特发起卖画援助工人挥毫会，决定于新历七月九日起至十一日止，一连三日，在惠爱中路番禺师范学校，开即席挥毫会，种类共分堂幅、扇面两种，取价极廉，即日可以取件，将所得之款，悉数拨助工人云。[1]

1925年12月17日，“慰劳统一广东前敌革命军人游艺会”在广州举行，癸亥合作画社的成员及其他社团的画家均送作品参展，有赵浩公、潘至中、温其球、姚礼修、张谷雏、黄般若、卢镇寰、卢观海、尹笛云、高奇峰、宋顺之、黄金海等数十人。

国画研究会的元勋

随着癸亥合作画社的影响增大，要求入社者渐多。1925年3月，赵浩公等人议决，将癸亥合作画社扩大为“国画研究会”，“以提倡美术我国数千年为职志”[2]。当时的与会者有24人，大家当即捐款作画为筹备之用。联络处仍在司后街小东营。

1925年3月26日，癸亥合作画社同人讨论并通过向广东省政府相关部门递交的成立国画研究会之“立案呈文”。

1925年5月11日，赵浩公等人在广州的《民国日报》上，发出《广东国画研究会会员征集启事》：

我国美术发达最早，欧美各国亦尊崇之。日本则更有所谓汉画派，可知我国美术之优秀，实为东方文明之特点。惜各研究者无一定联络，以互相切磋，是以虽发达极早，而仍无长足之进步。以视欧美各国之日新月异者，不啻有天渊之别也。现闻赵浩公、姚礼修、温其球、冯缃碧等画家，有见于此，特组织一国画研究会，凡属研究汉画者，皆可加入，俾得互相研究，以资进步。闻其会内之组织及各种事宜，经已议定，不日即可发表。

1926年2月，国画研究会正式向广东省教育厅立案，呈文如下：

呈为专重国画，设会研究，恳请立案，以兴文化事。

窃自伏羲画卦以来，史皇作图，有虞作绘，高宗象形，大禹象

[1] 见广州《民国日报》（黄大德收藏剪贴件），1925年。

[2] 至公：《国画研究会成立以来之概况》，见国画研究会编：《国画特刊》第二号，广州，1928年。

物。图画于历史，即有极重要之关系，降及姬氏，置设色之官，专绘画之事，周礼所纪，灿然备陈。至于鲁班画神怪，楚庙画圣贤，燕献督亢之图，秦放诸侯之室，载在史乘，班班可考。有汉继兴，承明甘泉之画，壁云台麟阁之纪功，下而郡府听事，且画诸尹，注其清浊进退，汉吏之循良，未必不缘因于此。是则吾国之有画，实自有史以偕来。其所以维系一国之人心、之风俗、之政治、之文化者，实为綦重。士生今日，犹能于金石中，得见三代两汉之风仪，一一摩挲而考案之，猗欤盛矣。汉明究心佛典，表示象征，晋宋因之，而神画因以兴起，曹卫顾陆之杰作，足标一时之画风。惟是兵符列女，古人功臣诸图，尚循古辙，以自矜重。六朝变乱相寻，惧祸求福之心日炽，故鬼神仙佛之图，多至不可纪极。观于千佛龙门诸山造像，可见一斑。然而南齐谢赫，实揭六法之精微，有梁僧繇，师范万类而皆妙，亦足上下千古，亭毒八方者焉。唐经开元之治绍子虔之遗韵，各本美感。以相奔驰，南北分宗，右丞实开其纪始，不殊于南宗之有六祖焉。厥功伟矣！五代徐黄，在野在朝，并皆佳妙，双钩没骨之法，允为世宗。赵宋崛起民间，既辟画院，复创试科，故宋代人才，尤称美备。观于《宣和画谱》所论列，及十三科所条分，宏远规模，一时无两。胡元滑夏，作者孤高自赏，寄意烟霞。黄王倪吴，风神独绝，读者每每而知世运之隆替焉。诚以绌于彼者，或优于此也。有明时值承平，文沈唐仇，各标体格，其余作者，更仆难数。明社既屋，清湘八大之伦，借笔墨以摅写其不平之气，而精神又为一变。清初承思翁之后，四王吴恽，名辈迭起，各出枢轴，以期有成，极深研几。至是称尚。循至今日，画风渐趋靡弱，欲返其道者，又流于狂怪怒张。追昔抚今，弥堪怪叹！夫以数千年历史之关系，不知经几许磨研，几许修养，始克臻此。乃昧于识者，去古日远，迷于目者，与古背驰。甚且见异思迁，数典忘祖，国粹之沦亡，不绝如缕。此关心国故者，所为咨嗟太息，而不能自已者也。抑知一国之美术，为一国之精神所默寄，非徒以表示国治之隆圬（污）。正以考察国民之特性，微诸各国，莫不皆然。环境不同，故操术自异也。以吾国四千余年之历史之文化，关系于人心风俗者甚大，苟不发扬而光大之，不独为吾国学者之羞，抑亦贻外人有识所笑。读德博士孔威廉之东方艺术谈，可以憬然悟矣。虽然吾国不患无研究之人才，而患无研究之毅力；不患无研究之方法，而患无研究之常知。然则如何以讨论之，整理之，以培养吾国之国性，而发扬吾国之国光，是在吾人之奋发有为，互相砥砺而已。礼曰：“相观而善之谓摩。”研究会之主旨，其在斯乎。其在斯乎！想亦整理文

化者之关心国故，而乐与期成者欤。谨将本会设立之宗旨，并章程开列，请予立案，实为公便。谨呈。[1]

1926年2月，广东省教育厅批复如下：

批呈一件　为设立国画研究会并具缴章册请予立案以兴文化由。呈并章册均悉。我国画学，原有特长，研求艺术，事关文化。该员等集合同志，组织国画研究会，以期发扬国光，热心宏愿，深堪嘉尚。核阅章程，大致妥洽，准予立案。应照章自行刊用图记，盖具式样，呈缴备查，并将研究成绩随时具报查核，仰即遵照此批章程名册存。[2]

得到广东省教育厅的批复之后，国画研究会正式成立。联络处仍设在广州司后街小东营。

国画研究会不设会长，其成立之初，由潘至中担任主持人，此外设置数位常务委员：赵浩公、温其球、卢镇寰、李研山、卢子枢、李瑶屏、姚礼修、黄君璧，负责画会的各项工作。1929年潘至中去世，则由赵浩公继任主持人，张谷雏、邓芬、黄少梅、黄般若、罗卓、何冠五等人为常务委员。

国画研究会的主要成员有赵浩公、潘至中、温其球、容祖椿、李凤公、姚礼修、潘达微、黄般若、邓芬、张谷雏、李瑶屏、卢镇寰、卢子枢、黄君璧、李研山、黄少梅、罗卓、张纯初、沈仲强、邓尔疋、沈鹤巢、周鼎培、李野屋、罗仲彭等。在这些人当中，有辛亥革命的名士、老同盟会会员，如潘达微；有广东画坛的名家宿将，如赵浩公、温其球、潘至中、李凤公、邓尔疋；又有崭露头角的年轻画家，如黄般若、李研山、李野屋等。

正如赵浩公指出的“国画研究会顾名思义是一个研究中国绘画的集团”[3]，画会在正式成立的当年（1926），即举办了一系列的国画展览：

正月——国画研究会第一次展览；

4月——画佛展览；

7月——古书画展览；

12月——六榕寺新会址迁入展览。

据当时的报纸记载，“美术展览，在吾粤甚少大规模的场所，即美术画方面，亦征集甚少。国画研究会同人有见于此，现拟将年来征集之所得，开一国画大展览会于广州，以兴阅者观感。闻该会会员均属当代名画家，现并分头征集港沪会员作品，同时并先行设立展览筹备会，举出黄君璧、张谷雏、黄般

[1][2] 见国画研究会编：《国画特刊》第二号，广州，1928年。

[3] 赵浩公：《国画研究会是怎样成长起来的》，见广州《中山日报》，1947年9月13日。

若等为筹备员，大约仍行假借番禺师范学校为展览会场”[1]。国画研究会每次展览的作品，都有四五百幅之多。每次展览，亦有即席挥毫，其售出书画的款项，全部留作会费之用；而每次挥毫筹到的会费，均达数百元之多。国画研究会的会费，除了用作画会活动之外，还多次捐与社会公益，如援助省港工人大罢工、慰劳革命军人、为方便医院筹款等，“以勉尽国民之义务”[2]。

国画研究会成立时的会址，仍设在癸亥合作画社的旧址——广州司后街小东营。小东营是一条幽静的小巷，巷内的房屋青砖黛瓦、古香古色。辛亥革命时期著名的“黄花岗起义”指挥部就在小东营内。国画研究会在小东营的会址，地方不大，只是一处办事与通讯之地，并无展览的场所。后来，国画研究会得到时任广州六榕寺住持铁禅（后来亦成为国画研究会的会员）的支持，将六榕寺的人月堂辟为国画研究会的固定会址。

图二　六榕寺及六榕寺中“人月堂”旧址，门上可见邓尔疋题写的“国画研究会”的牌匾

1926年11月，国画研究会正式迁入六榕寺的人月堂（图二），并举行了第一回画展。

六榕寺是广州城内的著名古刹，广州佛教的四大丛林之一。[3] 其寺塔始建于南朝刘宋年间（420—479），重修于北宋初年（989）。宋元符三年（1100），大文豪苏轼（苏东坡）来寺，见寺内六棵大榕树绿荫如盖、盘根错节、气势不凡，即欣然书写下“六榕”二字，“六榕寺”从此得名。经过历代的重修，到民国时期的六榕寺颇具规模。寺门匾额的“六榕”是苏轼的手迹，大门的对联曰“一塔有碑留博士，六榕无树记东坡”。寺中古老的千佛塔（花塔）挺拔壮观，围绕花塔的是古朴典雅的殿、堂、楼、阁、廊、舍等建筑。寺内树木掩映，修竹摇曳，静谧幽深。佛堂前有古玉兰一棵，树高数丈，枝繁叶茂；花开时节满园清香，令人神清气爽。

六榕寺内的人月堂布置极为雅致，从堂内推窗望去，花塔的朱栏碧瓦、丹柱粉墙历历在目；满园绿荫，花影的清香扑鼻而来。堂内平时陈列着古今名画与国画研究会会员的新作（多为嵌入镜框的斗方画），还有一盆盆的山石竹木的盆景。国画研究会的会员每周日在此雅集作画，分绘合作，切磋艺术；会外的艺术青年、社会上爱好艺术的人士，都可以在此观摩流连。会员们即席所作

[1] 见黄大德编撰：《赵浩公年表》，朱万章、郭燕冰主编：《广东“国画研究会”研究》，岭南美术出版社，2010年。

[2] 至公：《广东今日之国画》，见国画研究会编：《国画特刊》第二号，广州，1928年。

[3] 六榕寺与光孝寺、华林寺、海幢寺并称为广州佛教的四大丛林。

之画多为扇面，定价每幅两元，供各界人士前来选购；卖画所得的款项，全部作为国画研究会的会费。当时的六榕寺人月堂，成为广州市一个著名的艺术活动中心。[1]

国画研究会成立之后，“凡在吾粤稍能研究斯学者，几乎人人皆为会员”[2]。据1928年8月《国画特刊》（图三）第二号所载之《会员一览表》，当时在册会员就有182人，会员最多时达五六百人。除了广州的总会之外，还成立了香港、东莞两个分会，以及在广州市立美术学校设立的分会。国画研究会几乎囊括了岭南地区重要的国画家，可谓盛极一时；而国画研究会与当时全国各地的传统画学社团相比，又显得阵容可观。如20世纪初在上海由吴昌硕任会长的“海上题襟馆金石书画社”前后不过七十多人；1909年先后由钱慧安、王一亭任会长的上海“豫园书画善会”会员也不过百人；1931年由叶恭绰、黄宾虹、陆丹林等发起的全国性的中国画家组织“中国画会”人员最多时是三百余人。国画研究会成为当时广东乃至全国规模最大、人数最多的美术社团。

图三　国画特刊

国画研究会还与全国的国画名家、国画社团保持联系。如远在江浙的黄宾虹加入国画研究会，张大千与国画研究会亦有联系，北京的“湖社”也与国画研究会互通信息。

国画研究会以六榕寺人月堂为会址之后，会员每周有一次雅集，大家合作绘画；展出古今名画供会员观赏；每月举行学术演讲；在每年的“会址落成纪念日”，都举办全体会员作品大展，历年无间断；并不定期举行专题展览等。

国画研究会雅集的一个重要部分，就是会员合作绘画。合作绘画，即是一件作品由几个人（多为两人，亦有三四人）共同绘就，癸亥合作画社取名“合作”即为此意。以往中国画家在雅集时的合作画，多为应酬的草率之作，精美之作并不多见，但赵浩公与癸亥合作画社、国画研究会同人的“合作画”，却是认认真真地作画，彼此切磋画艺，凝练而成的佳作：

己巳正月廿二日雅集人月堂，缃碧写山石，吾补屋宇桥梁，潘至中老缀以人物，镇寰赋色成之。越五日而至中老忽尔恒化。今此帧为正轩道兄所得，属吾补署。年来至中公与诸盟友合作甚多，此为最后与吾辈周旋笔墨者，展图书此为之一概。修楔（禊）前二日。牛口记。

——赵浩公为国画研究会同人合作山水画题跋

[1] 见麦英豪、苏乾、黎显衡编著：《广州文物志》“宋·六榕寺花塔”条，广州出版社，2000年；《重游六榕寺》，黄般若著，黄大德编：《黄般若美术文集》，人民美术出版社，1997年。

[2] 潘龢（潘至中）：《广东今日之国画》，见国画研究会编：《国画特刊》第二号，广州，1928年。

赵浩公与国画研究会同人的“合作画”，题材包括花鸟、山水、人物、鱼虫；形式则有水墨写意、工笔设色。现在能看到的赵浩公与同人合作的佳画有：1926年的《松竹石图》（与卢镇寰、卢观海合作），20世纪30年代的《水仙竹石图》（与李凤公、卢镇寰、黄少梅合作）、《红白芍药》（与黄少梅、李凤公合作）、《兰石图》（与李凤公合作），1928年的《华当屋图》（与卢镇寰、张谷雏合作）、《村景》（与邓芬、黄少梅、卢镇寰合作）、《花鸟》（与朱慧贤合作），1929年的《山水图》（与潘至中、冯缃碧、卢镇寰合作）、《山亭观瀑图》（与黄少梅合作）、《山亭观瀑图》（与寒香合作）、《合作山水》（与冯缃碧、潘至中、卢镇寰合作）、《花鸟》（与温其球合作），1933年的《渔翁罢钓图》（与利佳士合作），1934年的《群猴饮水》（与罗卓合作），1936年的《五月花果图》（与黄少梅、郑伯都、李凤公合作）、《虞美人花石图》（与李凤公合作）、《花草五开：紫花金印、竹篱栖蝶、花间昆虫、花卉、桃花》（与郑伯都合作）、《菊石图》（与黄少梅、陈培略合作）、《花石蜻蜓》（与陈培略合作）、《岁朝清供图》（与贺文略合作），1935年、1937年的《花卉图六开》（与陈培略合作），20世纪20年代的《啼莺》（与邓芬合作）等，都是认真绘就的精美之作。

国画研究会还十分重视与国内美术界的联系。外省的著名画家路过广州，国画研究会必定邀请其到会演讲，交流切磋画艺。1928年9月3日，黄宾虹到广西讲学途经香港时，国画研究会的黄般若、邓尔疋、张谷雏前往欢迎，并与之论画。黄宾虹离开广西回沪，经过广州时，黄般若电告赵浩公、黄少梅、潘至中等，准备欢迎黄宾虹到穗。9月9日，黄宾虹到广州，国画研究会在六榕寺举行盛大的欢迎会，赵浩公、潘至中、温其球、邓芬、黄君璧，以及六榕寺的住持铁禅等主持仪式。黄宾虹在大会上做了演讲（由周鼎培、卢子枢记录），演讲的内容包括世界美术的源流与派别、中国画学的渊源与南北宗派、研究画学的科学方法，以及新旧画派的变迁等。演讲后举行茶话会，自由讨论，并拍照留念。晚上，国画研究会在六榕寺内的东坡精舍为黄宾虹举行宴会，时任广东省教育厅厅长的黄节（黄晦闻）亦前来出席。

国画研究会设有编纂部、撰述部、出版部、营业部、研究部，还有一间藏书丰富的美术图书馆。国画研究会一成立，即筹备建立图书馆，为会员研究画学之用；会员入会，附缴图书费二元，用作购买图书之专款；此外，还接受会员及社会人士的赠书。至1930年，国画研究会图书馆的藏书已达8653册，是广东当时著名的专业图书馆之一。国画研究会还筹办国画学校，设研究班造就人才，每月还举办征画比赛。1929年，国画研究会被教育部认定为美化教育机关。

1925年10月，国画研究会在广州的《七十二行商报》上开辟《国画研究会特刊》栏目，由黄般若任主编，先后刊登了潘至中、张谷雏、李凤公、黄般若、冯缃碧以及黄宾虹等人的文章共18篇。1926年1月，国画研究会把这些文章结集成《国画研究会特刊》出版，为广东20世纪最早的美术论文集。1926年，国画研究会还出版有《国画丛刊》。从1927年起，国画研究会的会刊《国画特刊》出版，首刊刊登了赵浩公的《秋江雁影》等画作。该会刊一共出版了七期（1927—1935）。1929年，国画研究会的《画风》（图四）刊行（1929—1930）。在该刊物上，赵浩公连载有《对山楼画缘录》。据赵浩公称，国画研究会本来还搜集了许多材料，准备“编成一部完备的历代广东画人传，以发扬吾粤艺术的潜德幽光”[1]，此项工作已经开始，但由于总编撰者潘至中去世，致使此书未能完成。

图四 《画风》1929年

国画研究会在20世纪20年代出版的图册及各种专著就有数十种之多。此外，该会的成员还在各种报刊上发表了大量美术研究的文章，包括画史、画论、画评等，以及各人创作的绘画、书法，不遗余力地提倡传统国画艺术。1929年，赵浩公在国画研究会出版了《花鸟画派》，在广州《国民新闻》连载《读雨庵画缘录》（90多则）与《植物画谱》，以及在《画风》连载《对山楼画缘录》。1934年，赵浩公的《赵浩公花鸟画技法》由国画研究会编印刊行。而其他会员发表的文章，更是数不胜数……国画研究会洋洋大观的出版，显示了该会有“研究之人才”“研究之毅力”，在20世纪前期的广东是颇有影响力的。

国画研究会还发起、组织了多项活动。1928年的重阳节，为纪念黄花岗七十二烈士，国画研究会发起以菊花为题的绘画创作，得画百余幅，后来刊登在《非非画报》第五期上，其中有赵浩公与卢镇寰、卢观海合作的《菊花》等。

国画研究会的活动，从1926年开始，一直到1938年日军逼近广州前才停止。国画研究会是20世纪前期广东，乃至全国规模最大、人数最多、组织最健全、活动时间最长、研究成果最多的一个美术社团。

抗战胜利后，国画研究会的会员从各地陆续回到广州。经过数年的战争动荡，国画研究会的大本营——六榕寺内的人月堂已是面目全非。此时，国画研究会得到了时为广东文献馆负责人简又文的支持。简氏认为国画攸关中华传统文化，实有发扬之必要，力促国画研究会复会。他在广州市文德北路的广东文献馆中，划出一处作为国画研究会的会址，供雅集、展览、交流之用。

1947年1月5日，国画研究会在广东文献馆举办已故画家潘至中、李瑶屏、温其球、姚礼修、张纯初、李野屋、许万雄、宋彦成等八人遗作展览，展出的绘画皆为巨制。

1947年9月13日，赵浩公在广州《中山日报》发表《国画研究会是怎样成长起来的》一文，回顾了从癸亥合作画社到国画研究会的发展历程。在文章的末

[1] 赵浩公：《国画研究会是怎样成长起来的》，见广州《中山日报》，1947年9月13日。

尾，赵浩公写道：

我们深感今后会员们下更大的努力，以便国画研究会重振会誉，更希望后进的同志给予它多多的生气，以使这个团体永久地存在，中国艺术的学统代有发扬，光辉不替！

1947年10月，赵浩公与黄般若、李研山、胡根天、伍千里发起的国画研究会、广东美术协会、广州市立美术学校同学会联合画展在广州的广东省立中山图书馆举办。

1947年11月17日，66岁的赵浩公与李研山、黄般若等人于广东文献馆内聚会，商议重组国画研究会，到会20余人。会议决定：旧会员重新登记名册，并甄别会员是否正义，将参与过日伪政权之文化协会的“落水者”剔除在外，同时征求新会员入会。

赵浩公与黄般若等人一面规划复兴国画研究会，一面计划编写一本《近代广东画人名录》，收录人员并不限于国画家。

国画研究会虽然恢复了活动，但局面已大不如前。而1948年9月2日赵浩公去世，画会其他的骨干成员又散居各处，国画研究会已是风光不再。

高等学校的画学教授

在20世纪30年代，赵浩公由于绘画的成就，先后被聘为广州市立美术学校教授、中山大学画学教授、广东省立勷勤大学师范学院图画科教授，登上了高等学府的讲坛。

1. 广州市立美术学校的教授

广州市立美术学校（简称“市美”）于1921年10月筹建，1922年4月26日正式成立。市美是现代中国最早成立的公立高等美术学校。市美的首任校长由当时的广州市教育局局长许崇清兼任，日本留学归来的油画家胡根天任教务主任，主持日常校务工作；第二任校长是胡根天；第三任校长是从法国留学回来的油画家司徒槐；第四任校长是从北京大学毕业的国画家李研山；第五任校长是从法国留学回来的雕塑家和象征派诗人李金髮。

在李研山出任校长之前，市美是以讲授、研究油画为主的西式高等美术学校。胡根天任校长时，学校聘请一批从国外回来的西画家任教，其中有冯钢百、陈丘山、赵雅庭、梁銮等人，后又增聘关良、许敦谷、何三峰、谭华牧、陈士洁等人。司徒槐在任期间，则聘请在上海的陈之佛、丁衍庸、倪贻德等西画家南下任教。市美开办时，只设西洋画一个系，学制为四年。后来虽然增设了中国画系、艺术师范系和图案画系，但市美仍然以西洋画系为“第一系”，学校教学、研究的重点仍然放在西洋画方面。市美师生的崇尚与追求，亦在西洋画方面。当时的市美思想活跃，眼界开阔，风格多样：无论是西方传统的写实绘画，还是西方前卫的现代艺术，在这里都有热烈的追随者。不同风格流派的油画在这里得到空前的发展和繁荣，20世纪20—30年代的市美成为华南地区一个重要的西画中心。

1932年8月15日，李研山（1898—1961，广东新会人）出任市美的第四任校长。李研山在任四年（1932—1936），是市美历届校长中唯一的国画家。李研山先后在广州、北京求学，就读于著名的广府中学、北京大学，接受新式的教育，参与过高举“民主、科学”旗帜的五四运动，是一位新型的知识分子。但是在对待传统中国画的问题上，李研山却完全不受当时盛极一时的否定传统、提倡以西画改造中国画的论调的影响。李研山对中国传统的绘画艺术可谓情有独钟。他在广州的广府中学读书时，是该校的美术教员、国画研究会的元老潘至中的入室弟子，深受老师赞赏。他在北京大学读书时，虽是主修法律，但对绘画的喜爱一如既往。他曾经跟随时任“北大画法研究会”的徐悲鸿学习西洋画，但是真正使他倾心的，却是勇于“反潮流”的陈衡恪（字师曾，1876—1923，江西义宁人），对中国文人画优秀传统的肯定与赞扬——在“五四”前后对中国文人画一片激烈的批判声中，陈衡恪是第一个以理智的态度、渊博的学识深入研究文人画，并肯定、赞扬中国文人画优秀传统的人。[1]李研山回广东后，于1925年加入国画研究会，并成为该会的中坚分子。

李研山出任市美校长后，在继续巩固发展西洋画系的同时，大力加强中国画系的建设，致力弘扬中国绘画艺术的传统。李研山聘请国画研究会的骨干画家赵浩公、黄少梅、张谷雏、黄君璧、卢镇寰、卢子枢、李凤公、冯缃碧等人为中国画系的教授，时年51岁的赵浩公走马上任，登上了高等美术学校的讲堂。

李研山与赵浩公可谓相知相交，志同道合。他们都强烈反对当时中国画坛全盘否定传统，唯洋是举的民族虚无主义；强烈反对岭南画派“折衷中西”的“新派画”，以复兴民族的传统艺术为己任。李研山在市美这个几乎是“全盘西化”的地方，大力宣扬传统的中国画艺术：他不但聘请赵浩公等国画研究会的一批骨干画家到学校任教，而且在他创办的市美校刊《美术》中，增设《中国画论》《画派介绍》《画语录》《诗词》《金石》《篆刻》等介绍中国传统文化艺术的栏目。李研山还在学校内成立“国画研究会市美分会”，发展学生会员，并编印《国画特刊》作为国画研究会市美分会的会刊，刊登市美分会会员的习作……

在李研山的主政下，年过半百的赵浩公在市美国画系的教学可谓不遗余力。赵浩公孜孜不倦地教育学生认识中国画、热爱中国画，弘扬中国的传统艺术。据时人的记载，赵浩公教学“侧重传统，对于描写、临摹、赋彩、渲染、构图、落款、用印等，皆按部就班，作系统讲解。以一生经验心得，不厌求详，传其妙绪。并常常携古贤名迹上课，以为印证”[2]。那时市美没有一本可用的《中国绘画史》教材，赵浩公就自己动手，“编了很完备的课本

[1] 陈衡恪于1921年发表《文人画的价值》（载《绘学杂志》，北京大学），后经修改，1922年成《中国文人画之研究》，由上海中华书局出版。

[2] 郑春霆：《岭南近代画人传略》“赵浩公”条，香港：广雅社，1987年。

及各家画法的画稿，用‘钟灵’印刷机印刷，分发给学生，所以市美的生徒获益最多”[1]。

赵浩公的教学方法，是坚持中国画传统的训练方式：从临摹入手，掌握中国历代优秀绘画的精粹——笔墨。赵浩公一直强烈反对“不中不西”的“新派画”，反对以西方写实绘画的法则来取代中国绘画的传统。他在教学中，反复强调：中国画的基础是笔墨；笔墨是多少年代、多少画家的创作经验积累起来的，笔墨是中华民族绘画的根基，因此必须重视、继承下来，从而获得把握传统艺术的能力。赵浩公除了强调学习笔墨之外，还要求学生多方面加强中国文化艺术的修养。他结合学校制定的课程，要求学生深入了解中国的画史、画论，还让学生研习书法、篆刻等。

李研山主政市美的四年期间，在赵浩公等人的鼎力支持下，市美扭转了过去那种“全盘西化”的局面，掀起了学习、研究中国传统艺术的热潮；年轻学生从中了解并热爱中国的传统艺术，大大增强了对民族文化的自信心与自豪感。中国传统的、民族的绘画，在市美这个华南的现代美术中心得到了继承与发扬。李研山与赵浩公等人的工作，使市美这所华南最重要的新式高等美术学校，真正贯彻了由新文化运动的旗手之一蔡元培倡导的“兼容并包”的先进教育理念，真正体现了市美校歌所高扬的时代精神：

> *维我市美艺术之宫，翕欤独翘翘于南中。繄我同人爱美之神至哉，艺术便是人生领导。群情慰藉生灵残缺；心弦俾你共鸣解放。民族精神之谓何，为此高歌：国魂来些！*
>
> ——广州市立美术学校校歌

1936年9月，李金髮出任市美的第五任校长。由于李金髮在中国画系启用“折衷派”高剑父、高奇峰的门生，原中国画系的“传统派”教师纷纷引退。赵浩公亦在此时退出市美。

2. 中山大学的画学教授

在广东画坛以维护、弘扬中国绘画传统而声名显著的赵浩公，不但受到高等美术学校的重视，而且受到综合性大学掌门人的关注，如时任国立中山大学（简称“中大”）校长的邹鲁。

邹鲁（1885—1954，广东大埔人）早年跟随孙中山革命，在国民党内历任要职。邹鲁也是一位教育家，笃信教育是救国的基础。1932—1940年邹鲁出任国立中山大学校长。他主政中大期间，以在华南“树一最高学府”为宏愿：从

[1] 黄般若：《赵浩公的画》，见黄般若著，黄大德编：《黄般若美术文集》，人民美术出版社，1997年。

北京等地聘请著名教授，荟萃学术英才；扩建校舍，增加学院；成立多学科的研究院，发展学术研究……而其中，就包括在中大开设“美术”的选修课程。

邹鲁在中大开设美术课程，遂在社会上聘请名师。邹鲁素来敬慕赵浩公的画艺及其为人，他常常对人说：“予与画人游，而高风亮节为予所钦佩者，莫如赵浩公也。”[1]

1934年9月，53岁的赵浩公受聘为中大的画学教授，讲授“美术”课程。这是当时中大新设的“选修课程”，旨在培养学生的艺术兴趣与艺术修养。课程内容有“画学”（每周8课时）、“国画”（每周4课时）、“画史画论”（每周1课时）。

赵浩公秉承孙中山倡导的爱国精神、造就振兴中华英才的教育理念；秉承中山大学校训的中华传统文化精髓，在“美术”这门选修的课程中，孜孜不倦地教导年轻学生了解、认识中国传统绘画的艺术理念与形式技法；学会欣赏中国传统绘画，热爱中国传统艺术，进而增强对民族文化的认同感与自豪感。

中大还为赵浩公出版了《花鸟画法》一书。《花鸟画法》荟萃了赵浩公花鸟画的力作，图文并茂，是当时并不多见的彩色印刷。该书在当时的印数很少，加上后来的战乱，到今天竟然难觅踪影。

关于赵浩公在中山大学任教的情形，现在只能从赵氏在1940年写就的《画的抄袭及其他》一文中看到一些记载：

> *研究绘画，是从临摹名迹入手，这是画人必经的途径。但画家临摹古人利害作品时，写“仿某人笔”或“某人本”，这是画人的忠实，不敢掠美，否则有剽窃之嫌。但这二三十年来，这些一知半解的画家，或是略习洋画（不论东西洋）的学生，只是略略懂得一些绘画门径，竟找些国内外的画片画集等，改头换面或东拉西扯照样画葫芦，绘制出来，便告诉人说：这是我的创作，这是我的写生，来自欺欺人。说到抄袭，他们的伎俩实在巧妙，比如画片上一只羊（马）是头向左边的，他把它反过右边来；一株树开着五六朵花的，他就只写两三朵，略略地变动一下，便算是自己的构图。这种移山倒海的手段，在艺术上是要不得的。因为没有方法说他不是抄袭的呀。如果是临摹古本或今人名作，索性地把它声明仿自某人，不是来得忠实吗？又何必假惺惺作态来掩耳盗铃呢……我从前在国立中山大学教授学生，常常把这个意思和他们相勉励，因为这是很要紧的，关系艺术的人格问题。*

[1]《赵浩公之雅量》，见香港《探海灯》，1937年5月8日。

我从事绘画数十年，我的作品怎样，实在不敢自满自足，社会间一切毁誉，我都不管。因为誉我的，未必真地认识我的作品；反之，毁我的，未必别有存心。那么，我又何必和人家较量来表示狭隘的心肠呢？关于这一点，我也是不厌其详地向同学们申说，使他们做一个与世无争的艺人，而不是一个好事生非的画匠。

总而言之，画人处己待人要忠实，对艺术要忠实，对社会也要忠实。不要夸张，不要急功近利，为艺术而艺术，不计社会声誉。人们不认识自己的作品，只好拿“五百年后有知己”一句话来自慰自勉罢了……[1]

从该文中可见，赵浩公极其重视他在国立中山大学的教学，与他是如何将他认为最重要的问题——对中国传统画学“纯粹性”的坚决捍卫、对“艺术的人格问题”的高度重视、对“抄袭”的无比痛恨，教导他的学生去辨别。

天性淳朴、崇尚自由自在的赵浩公，尽管身处国立中山大学这样的高等学府，依然是衣着朴素，不穿袜子，因而有“不袜先生”的称号。

1934年11月11日，为庆祝国立中山大学成立十周年，赵浩公创作了《山水》与《花鸟》两幅绘画。同年12月，中大举办十周年校庆各科成绩展览，共分为8个部分、10个展室。其中的“文史研究所”部分，赵浩公一人就占了两个展室，他展出有盆栽22盆、国画75件。

1935年1月8日，赵浩公出席中大新校校景设计委员会会议，为在广州东郊石牌的新校址建设出谋划策。

20世纪30年代，赵浩公除了在市美、中大任教之外，还在广东省立勷勤大学师范学院任图画科教授。

3. “校外实践基地”

赵浩公出任广州市立美术学校与国立中山大学的画学教授时，除了在大学的课堂进行教学之外，还组织学生走出校门，到国画研究会以及山南画社进行“社会实践”。

国画研究会是当时广东传统国画的大本营，赵浩公将“洋学堂”的学生，带到这个充满中国古典文化气息的艺苑来，让他们观摩画会收藏的古今绘画精品的原作，观摩会员们挥毫作画，并在前辈的指导下练习，让年轻学子在浓郁的传统艺术熏陶中，潜移默化地加深他们对中国画的认识与感受。

山南画社是赵浩公从青年时期就创办的一个有着教画授徒功能的机构。山

[1] 见香港《文化界》第23期，中国文化协进会，1940年。

南画社的教学，以传承中国传统画学为宗旨；其教学的模式，既有旧式画塾的痕迹，又有新式学堂的影响。从1933年胡毅生、陈融（陈协之）、邹鲁（邹海滨）、陈伯任、陆幼刚、温其球、邓尔疋等人共同署名为山南画社制定的一份“征求学员简章”中，可知赵浩公主持的山南画社的教学内容有：

（1）学习科目

山水：南派画、北派画、界画、水墨、傅（赋）色

花鸟：勾勒画、没骨画、水墨、写意、树石

人物：开相、粗笔、工细、树石配景、应用图案

其他：构图练习、临摹练习、派别研究、制色法、合作练习、扇面画法、署款研究、钤印法

（2）学习时间

第一年：钩稿实习、简单傅（赋）色、初学运笔

第二年：构图实习、高深傅（赋）色、派别研究

第三年：自由习作、临摹实习、合作实习、即席挥毫 [1]

赵浩公主持的山南画社，是当时广州知名的一个以继承、研究中国传统画学为主旨的私立教学机构。赵浩公经常介绍他的高校学生到山南画社观摩。山南画社提供赵浩公等当代画家的绘画图册，还有古代名画、碑版字帖，以及画学古籍等文献资料，供学生们参考研究。画社每月都陈列学员的佳作，每年秋季举办较大规模的学员画作展览，为大家提供互相观摩、交流的平台。

赵浩公把高校的学生带到国画研究会以及山南画社，让那些年轻的学子直接观摩、接触中国传统画学的“第一手资料”绘画原作，以及画学的文献资料——古今的画史画论典籍。在中国的公共博物馆尚处于“筚路蓝缕”阶段的年代，一般的学画人能够看到中国历代优秀绘画原作的机会是极少的；在那个高等美术教育（特别是现代的中国画教育）的图书文献资料还相当缺乏的年代，赵浩公在国画研究会及山南画社为年轻学生提供了一个“零距离”接触中国优秀绘画原作及查阅大量文献典籍的平台，在当时的广州实属不可多得。这对于开阔年轻学生的艺术视野、培养学生的传统艺术修养是至关重要的，对学生日后全面发展（不管能否成为专业画家）的影响也是不言而喻的。用今天的话来讲，国画研究会及山南画社就是赵浩公的高校学生的“校外实践基地”。而赵浩公为年轻学子认识、学习中国传统绘画，增强其对民族文化的自信心与自豪感所做出的努力，所呈现出来的对于中国传统艺术的一片赤诚之心，就更

[1] 转引自黄大德编撰：《赵浩公年表》，朱万章、郭燕冰主编：《广东“国画研究会”研究》，岭南美术出版社，2010年。

是难能可贵。

毕生弘扬中国传统文化精神

在近现代西方文化猛烈冲击中国之际，赵浩公是广东捍卫中国传统画学的一面大旗。赵浩公强烈反对全盘否定传统、唯洋是举的民族虚无主义，以传承、复兴民族艺术为己任。他以国画研究会为阵营，与“折衷派”展开了激烈的论争，留下了有声有色的历史篇章。赵浩公的一生，始终贯穿着坚贞不屈的民族气节。

坚定维护中国画学传统

在20世纪之初，随着新世纪的到来、新文化运动的兴起，中国传统的绘画受到了前所未有的猛烈冲击。如维新运动的领袖康有为喊出“中国近世之画衰败极矣”[1]；新文化运动的领袖之一陈独秀对清初“四王”的临古仿古更是深恶痛绝：“大概都用那‘临’‘摹’‘仿’‘抚’四大本领，复写古画，自家创作的，简直可以说没有。这就是王派留在画界最大的恶影响。”[2]传统的中国画，成为革命的对象。

作为“五四”新文化运动倡导的两大目标之一的“科学”，其时在中国美术界大行其道。中国思想文化界的领袖人物纷纷认为，以西方“科学的”写实绘画改造“落后的”中国画、以西方写实绘画的标准替代中国传统绘画的标准就是“美术革命”。在他们看来，西方“科学”的写实绘画是挽救“萎靡颓败”的中国画的良方，“科学”的写实绘画在当时即是“先进”的代名词：

> *美术家所以成功，全在观察自然之美。怎样才能看得出自然之美，最要紧的是观察自然之真。能观察自然之真，不惟美术出来，连科学也出来了。所以美术可以算得科学的金钥匙。*[3]
>
> ——梁启超

> *若把中国画改良，首先要革王画的命。因为要改良中国画，断不能不采用洋画的写实精神。……画家也必须用写实主义，才能发挥自*

[1] 康有为：《万木草堂藏画目》，1917年。

[2] 陈独秀：《美术革命——答吕澂》，见《新青年》第六卷第一号，1918年1月。

[3] 梁启超：《美术与科学》，见《饮冰室合集》文集卷三十八，中华书局，1989年。

己的天才，不落古人的窠臼。[1]

——陈独秀

望学中国画者，亦须采西洋画布景实写之佳，描写石膏物像及田野风景。……今吾辈学画，当用研究科学之方法贯注之。[2]

——蔡元培

在“科学的”“革命的”浪潮之中，有关中国画的“话语权”处于一种尴尬的境地。而中国画传统的临摹，被猛烈抨击为造成中国画因循守旧、萎靡不振的罪魁祸首。当时中国美术界不少著名人物更是身体力行，以“科学”“先进”的西方写实绘画来冲击“因循守旧”“摹仿成风”“落后衰微”的中国画，掀起一股写生、写实的热潮。

刘海粟认为，“西洋画固以真确为正鹄，中国画亦必以摹写真相，万不可摹前人之作”[3]。他在1913年就率领学生外出写生，1918年更创立“野外写生团”。而陈衡恪在20世纪初画的《北京风俗图》亦是来源于写生。

徐悲鸿在20世纪初就已经崇尚写实绘画。他自1928年从法国留学回来之后，更加强调以西方写实绘画的透视、解剖、色彩、构图等法则，注入并改造传统的中国画。后来他在《新国画建立之步骤》中，更进一步提出“素描是一切造型艺术的基础”[4]，把素描当成是学习中国画的“唯一之法门”，彻底否定中国画的临摹。其“徐悲鸿写实绘画体系”，后来更是出于政治、社会的原因，一统中国美术界十多年。

林风眠的艺术理念不同于徐悲鸿，但是他同样认为素描是造型艺术的基础。他在20世纪20—30年代出任国立杭州艺术专科学校校长时，将国画系与西画系合并为绘画系。绘画系的素描、写生等基础训练大为加强，西画课的课时远远大于国画课的课时。

在一浪又一浪“改造、革新”中国画的大潮中，西方绘画的思维方式与价值标准取代了中国画自己的“话语权”。

第一次世界大战之后，“科学万能”的观念在西方破灭。中国的先进分子在经历了一段时间的迷茫之后，开始了对科学与传统文化的重新思考。中国美术界开始怀疑西方绘画与中国绘画比较的“先进性”，怀疑西方绘画对于中国绘画的“指导性”，怀疑美术超越民族、地域的“世界性”。中国画坛的精英们，开始重新审视民族文化的精神，开始转向回归传统。他们开始认识到，中西绘画有着完全不同的体系特征、不同的评价标准、不同的审美理念。于是，

[1] 陈独秀：《美术革命——答吕澂》，见《新青年》第六卷第一号，1918年1月。

[2] 蔡元培：《在北大画法研究会之演说》，见1919年10月25日《北京大学日刊》及1920年《绘学杂志》。

[3] 刘海粟：《参观法总会美术博览会记略》，见《美术》总第2期。

[4] 徐悲鸿：《新国画建立之步骤》（1947年），见王震：《徐悲鸿研究》，江苏美术出版社，1991年。

强调中西有别，反对盲目西化，成为回归思潮的一个主要的特征：

> *民族性有东、西洋的差别，艺术当然也有这个差异。如果硬拉硬凑拿西洋画的形式加入在东方人的画面上，那不但犯着同上面所说的传习，而且要犯着因袭西洋人的一些皮毛了……步西洋人的后尘，中国的艺术，简直有灭亡的危险呢！*❶
>
> ——汪亚尘

> *东西洋文化，根本不同。故艺术的表现亦异。大概东洋艺术重主观，西洋艺术重客观。东洋艺术为诗的，西洋艺术为剧的。故在绘画上，中国画重神韵，西洋画重形似。*❷
>
> ——丰子恺

> *东方民性近于哲学，西方民性近于科学；东方民性崇尚精神，西方民性崇尚物质。故艺术的表现，亦莫能外此规律。*❸
>
> ——俞剑华

20世纪20年代，在中国思想文化界重新重视对民族文化的研究与向传统回归的时代潮流中，美术界的一批原先学习西画的画家，逐步认识到世纪之初民族虚无主义的危害，从而转向建立民族自主的现代美术之路。他们或从对西画的盲目崇拜，转向对中国画传统的研究、熟悉与热爱，如较早有刘海粟、林风眠、蒋兆和等，后来有朱屺瞻、庞薰琹、李可染、吴作人、吴冠中等；或从借鉴东西洋绘画转向“重温传统”，如高剑父、高奇峰等。

而在20世纪的中国画坛，有一批一直捍卫传统的社团：如1920年在北京成立的“中国画学研究会”、1924年在上海成立的“海上书画联合会”，以及广东的癸亥合作画社——国画研究会。这些社团的成员是坚定的民族绘画的捍卫者。他们同样认为中国画应该创新，但是主张在继承传统的基础上创新；他们认为中国画有着自己独特的体系与发展规律，反对以西画来改造中国画。当时倡导“复兴民族美术”的人物中，北京有陈衡恪、胡佩衡，上海一带有黄宾虹、潘天寿、贺天健、俞剑华、郑午昌，广州则有赵浩公、黄般若等人。

在这一时期中国画坛“捍卫传统”的阵营中，以赵浩公为中坚的国画研究会，无疑是一个最有研究力、最有战斗力的团体。

癸亥合作画社——国画研究会从诞生之日起，就旗帜鲜明地反对全盘否定

❶ 汪亚尘：《艺术革命谈》，见《时事新报》，1922年3月8日。

❷ 丰子恺：《中国画与西洋画》。

❸ 俞剑华：《国画研究》，商务印书馆，1936年。

中国画、反对唯洋是举的民族虚无主义，以复兴民族艺术为己任：

夫立国于世界之上，必有一国之特性，永久以相维系。而后其国始能以常存。国画关系一国之文化，与山川人物、历史风俗，同为表示一国特性之征。……降至今日，士多鄙夷国学，画学日久衰微，非急起而振之，恐文化荡然，将为印度之续。某等有见于此，用是联合同志，设立斯社，以研究国画振兴美术为宗旨。

——癸亥合作画社立案呈文

甚且见异思迁，数典忘祖，国粹之沦亡，不绝如缕。此关心国故者，所为咨嗟太息，而不能自已者也。抑知一国之美术，为一国之精神所默寄，非徒以表示国治之隆圬（污）。正以考察国民之特性，……以吾国四千余年之历史之文化，关系于人心风俗者甚大，苟不发扬而光大之，不独为吾国学者之羞，抑亦贻外人有识所笑。

——国画研究会立案呈文

而赵浩公及国画研究成会员们的研究、反击文章，就更是强烈地将捍卫民族文化艺术之情溢于言表：

*我国绘画，自昔有号称三绝的。所谓三绝：一、诗词文学，二、书法金石，三、绘画造像。三者相辅，都已达到修养上的相当境界，才能称做三绝。这种三绝的作品才是文人画的最高峰，才是国画的最高峰。这种三绝才是国画的最高境界，不特在我国美术哲学中占极重要地位，而且在世界艺术哲学中也占极重要的地位。*❶

——赵浩公《二次全美展览审查之我见》

*无论何国美术，皆有美恶之点，不能以彼国之美，衡较此国之恶，犹之不能以此国之美，而衡较彼国之恶也。诚以一国之美术，所以代表一国之文化者，各皆有独到之处也。*❷

——潘至中《抱残室写生杂记》

我国绘画之形式，为线条浓淡之美，而又为迅速的描画灵感，削除细部之存在，与表面之相似。然不似之似，斯为上乘，诗趣与逸

❶ 见《第二次全国美展广东预展会专刊》，1937年。

❷ 见《国画研究会特刊》。

*致，均为吾国绘画之独擅，亦即今日西方所重之表现神感之表现主义是也。……艺术虽无种族与国界之分，然亦不当抛弃祖国最有价值之艺术而摭拾外来已成陈迹之画术，复据为己有，一方卑国画为不足道，其谬误之甚，无逾于此矣。*❶

——黄般若《表现主义与中国绘画》

*近数十年来，西学东渐，美术上亦不能不受外来式样之影响，然而民族精神，不加抉发，外来文化，实亦无补。盖民族精神乃民族艺术之血脉，外来文化不过民族艺术之滋补，徒将滋补品而不加自己锻炼，欲求自由自发，实不可能之事。邯郸学步，失其故态，亦何益之有哉！*❷

——李凤公《对于第二次全国美展国画审查之意见》

从上述这些宝贵的文献资料可见，在20世纪前期的新美术运动中，在提倡西洋写实画、批判中国绘画（特别是写意画）的大风潮中，国画研究会的成员对民族的、传统的艺术的热爱与捍卫。他们坚定地认为，中国画是一个独立的画种。它生长并根植于中华历史文化深厚的土壤中，有自己本质的特征、独特的形式体系与自身的审美标准。他们强调尊重中国画的独立性，强调从中国画艺术自身的发展规律去寻求创新与变革——对中国画的发展走向有着坚定而执着的理念。他们认为：将不符合西方“科学”写实绘画的中国画一概斥责为落后、衰微，是一种民族虚无主义的表现；用西方写实绘画的思维方式、训练方法与评判标准来“改造中国画”，等于取消中国画。

而更难能可贵的是，他们当中的一些人在表达强烈的爱国情怀之时，显示出新进的“现代意识”：从世界当前绘画的最新趋势——西方画坛上现实主义在总体上被现代主义冲击和替代的趋势来洞察中国绘画，指出中国绘画的表意写心、强调精神表现的传统，正是西方现代绘画所追求的目标之一；包括文人画在内的中国绘画的写意传统绝不是衰败落后、应该被打倒的东西；中国绘画的重主观、重表现的精神，与世界上最先进的艺术思潮是一致的。

赵浩公等人虽然强烈反对以高剑父为首的“折衷中西”“不东不西”的“新派画”，但他们并不是排斥西画，他们对外来的、异质的艺术亦表示了尊重，如赵浩公在《国画研究会是怎样成长的》一文中，开篇就说：

国画研究会顾名思义是一个研究中国绘画的集团。第一，我们不

❶ 见《国画研究会特刊》。

❷ 见《第二次全国美展广东预展会专刊》，1937年。

*是学西洋绘画的，西洋绘画自有其思想与形式，中西文化各有其特异之处，我们应不基于狭隘思想与西洋绘画的工作者分庭抗礼。*❶

在赵浩公等人的主导下，国画研究会从成立之初就肩负着时代的使命：它不仅仅是一个画家“雅集”的群体，更是一个捍卫传统画学的阵地——对传统文化的守护也是对时代的召唤。而在20世纪20年代中国美术界重新审视民族文化精神、呼吁回归传统的时代潮流中，国画研究会无疑是站在时代前列的：对中西绘画有着完全不同的体系特征、不同的评价标准、不同的审美理念的认识；反对以西方写实绘画来“改造”中国画、反对盲目西化的认识，是早于或是同步于当时国内美术界的知名人物的。而国画研究会对20世纪中国画坛上一系列敏感的艺术本质问题的认识，如强调艺术的本质性、民族艺术的特殊性，对中国画的特性如表现性、情感性、象征性、意象性等一系列问题的研究，在创作中特别强调“骨格”“神韵”“风致”“笔意”这些中国画的“固有精神”与“本质因素”，对中国美术自身特点及其与世界美术关系的探讨，在21世纪的今天看来仍然有着相当的学术深度。

在20世纪前期那场关于中西绘画的“时代论争”之中，赵浩公作为广东画坛“捍卫传统”的代表人物，他耿直、刚烈的个人性格更是表露无遗，给人留下深刻的印象。如在民国初年，赵浩公每与人谈论西方绘画与中国绘画、谈论国画的“新”“旧”之争时，如遇到否定中国绘画者，赵浩公则在大庭广众中拍案而起，毫不留情。据当时的记载，赵浩公“力倡纯粹国画，恒与人论争广座中，务顺适己意，不则巨拳抵几案，终或拂袖退”❷。“在画学上他认为离经叛道的东西，不客气地予以严格的批评，甚至痛加斥骂是常常有的。”❸今天，我们从已经泛黄的旧报刊上看到这些文字，那个对中国传统艺术维护有加的赵浩公形象，仍然是那么地鲜明强烈。

与折衷派展开激烈论争

在1927年前后，以赵浩公为核心的国画研究会与以高剑父为首的“折衷派”，在广州的报刊上进行了一场激烈的论争。论争的焦点除了“折衷派”抄袭日本画的问题之外，还有中国画在近代萎靡不振的原因、科学与艺术、东方与西方、时代与传统、文人画的价值、传统写生之有无、写实与写意、唯物与缘情等当时的中国画坛普遍关注的问题。这场激烈的论争持续了两年之久，成为20世纪前期广东乃至全国画坛的一大奇观。

国画研究会与“折衷派”这场论战的肇始，应追溯到1921年举办的广东

❶ 赵浩公：《国画研究会是怎样成长起来的》，见广州《中山日报》，1947年9月13日。

❷ 老黑：《郑漪娜预师赵浩》，见香港《探海灯》，1937年6月9日。

❸ 胡根天：《赵浩公在连县》，见香港《大光报》，1948年12月4日。

省第一回美术展览会。如前所述，在展览筹备期间，同为国画审查委员的赵浩公与高剑父发生了第一次冲突。赵浩公强烈反对高剑父将“从日本抄袭回来”的绘画视为“新国画”，并提出要辞去国画审查委员的职务。由于陈炯明的挽留，赵浩公勉强留下，但国画的评审分成了两部分，一部分由高剑父、高奇峰等人负责评选；另一部分由赵浩公等人负责评选。

这次展览，虽然如期举行，但是却埋下了双方日后论争的导火线。当年两派之外的一些画家，见证了这段历史：

*中国画方面，由于以高剑父、高奇峰为首由日本引进的比较倾向于形似的画法［当时叫做（作）“折衷派”］，和我国传统——主要是宋、元以来已经形成的各家画法之间，在过去几年首先由高剑父挑起争论，人为地造成较大矛盾和对立，甚至互相攻击……以后十多年间，双方壁垒就筑得更厚，对立也更大……*❶

*以折衷派标榜的画家们，力排中国画法的陈旧，以为中国绘画，非参以西洋方法不可。这种浅薄的见解，招致了中国画的画家们不满，不时发生了斗争。*❷

高剑父不但在自己的创作中进行“国画革命”，而且向他认为是“守旧”的国画阵营发起了进攻。1927年2月，高剑父授意年轻的方人定撰写《新国画与旧国画》一文，刊登在广州的《国民新闻》上。该文向国画研究会发难，将其称之为“守旧”，从此展开“折衷派”与国画研究会的激烈论争。

1927年3月1日，由赵浩公、潘达微等国画研究会元老策划，年轻的黄般若于广州《国民新闻》之《新时代》专栏发表《新派画是中国的衣冠吗？》一文，对方人定的文章给予反击。黄般若在文章中批驳道：“提倡艺术革命，原是值得钦佩的议论，可惜后来专替在日本已成过去的日本画吹牛，明明是日本画，人定先生偏偏说是新派画，还说新派画是向前进的……新派画是中华民国的衣冠。可怜艺术还未革命，人定君先走入歧途去了！”

在赵浩公、潘达微的主导下，国画研究会开始了与以高剑父为首的“折衷派”的论争。双方你来我往，越争越激烈。论争的焦点，一开始是“折衷派”抄袭日本画的问题。而围绕这场论争，国画研究会有组织、有规模地对中国画进行了深入的研究：在该会创办的《国画特刊》上，对中国画在近代萎靡不振的原因及科学与艺术、东方与西方、时代与传统、文人画的价值、传统写生之

❶ 胡根天：《记六十年前广东第一次全省美展的风波》原稿，黄大德收藏。

❷ 吴琬：《二十五年来广州绘画印象》，见《青年艺术》创刊号，1937年。

有无、写实与写意、唯物与缘情等当时的中国画坛普遍关注的问题，展开了深入的阐述与探索……

在这场激烈的论争中，赵浩公是国画研究会的一位中坚人物。当年代表国画研究会出面迎战的黄般若说："赵（浩公）先生和我已有三十多年的友情了……我们同一宗旨，表面上是保守的、传统的，但我们也密切地注视时代，并不忽略时代。然而，我们并不同意以日本绘画为新国画，并不以盗窃拐骗得来的艺术为创作的艺术。最好有一个比方：从人家的袋里的金钱用扒手的手法盗窃得来，而硬说这是我的所有、我的创作，这是艺术上莫大的耻辱。盗窃、扒手的作风，这可能说是创作吗？我和赵先生这一个主张，三十年来是一贯的。"❶

与青年黄般若的犀利言辞相比，元老级的赵浩公可谓毫不逊色。赵浩公一直强烈反对以高剑父为首的"折衷派"以日本画为新国画，其措辞刚直激烈、毫不留情：

*我们最应要声明的，我们的国画，就是中国传统的艺术，有别于从日本抄过来的不中不西的混血儿的所谓"新国画"。为着正名分、绍学统、辨是非、别邪正，我们要树立国画的宗风，岂图（徒）是抱残守缺而已。*❷

*分明是由日本绘画剽贼过来，偏偏说是革命、新兴、创造，这个只能瞒骗他自己的低能徒众，而站在尊严的学统的立场，我们当然不能忍受。*❸

*如果磨灭了、丧失了国画特点的作品那便不成其国画。所以，在绝对不讲求用笔用墨，而徒以色彩敷填，去眩惑一般俗人眼目的作品，无论它怎样高明，都不能视为国画的正宗，在审查国画范围内没有它的位置，那是绝无疑义的。对于这种作品，在稍明我国绘画的人，没有不付诸摒弃之列……*❹

在赵浩公看来，高剑父等人那些"企图入混宗支"❺的、"不中不西的混血儿"的所谓"新国画"，是与中国传统的艺术精神背道而驰的，是在社会上"眩惑一般俗人眼目"的，必须"站在尊严的学统的立场"，对此"付诸摒弃"。

时人的一些文章，亦记载了赵浩公、黄般若对"折衷派"攻击之猛烈：

❶ 黄般若：《品艺并高的赵浩公》。

❷❸❺ 赵浩公：《国画研究会是怎样成长起来的》，见广州《中山日报》，1947年9月13日。

❹ 牛口（赵浩公）：《二次全美展览审查之我见》，见《第二次全国美展广东预展会专刊》，1937年。

民国十四至十六年间，广东新旧两派画家爆发了一场轰动画坛的论战。高剑父、奇峰兄弟和陈树人从日本归国后，创立了“折衷派”。以居廉的花鸟画为根底，接受了日本画风的薰（熏）陶，以崭新的面目出现，取材通俗，色彩艳丽，易为一般人所接受。加上高氏兄弟及陈树人以曾参加革命，颇得当时党国要人支持，政治地位优越，所以折衷派红极一时。旧派画人，以日本画本传自中国，今国人舍弃国故而反向日本学习，实乃舍本求末，于是群起而攻之。对折衷派攻击最力的是赵浩公和黄般若等。[1]

在民国期间，国内画坛有关新旧之争、派别之争屡见不鲜，但是如广东的国画研究会与“折衷派”这样正面的直接的交锋——其论争的言辞之激烈、论战的时间之长久，却是相当罕见。

在20世纪前期那个文化转型的大时代中，发生在广东的那一场有关中国画的论争，尽管双方发生了激烈的冲突与碰撞，但是双方的对立迥异，却是表明了他们的共同情怀、共同追求——对“中国画”本身的坚定认同，为构建“新中国画”做不懈的努力。殊途同归的论战双方，在美术历史上无疑都具有先进的意义。而更值得肯定的是，20世纪前期发生在广东画坛的这一场论争，展现的是一种完全开放的大格局、一种多元文化繁荣的大语境；不同的艺术观念、不同的艺术形态的矛盾与论争，相互补充地构成了20世纪前期岭南画坛丰富多彩的面貌。而在这个开放、多元的历史文化图景中，赵浩公这位“捍卫传统”的中坚人物的表现，是令人难以忘怀的。

贯穿人生的民族气节

赵浩公之所以强烈反对高剑父的“新国画”，很重要的一点，就是反对把日本画当成新国画。这其中既有维护中国传统画学标准的原因，又是强烈的民族气节使然。而这种民族情绪的表达，随着日本对中国的侵略不断加剧，变得更为强烈。

例如赵浩公有个女学生给日本人做事，有一次在街上相遇，女学生主动跟老师打招呼，赵浩公气呼呼地说：“你是谁啊？我没有你这样的学生。”女学生看到赵浩公拄着拐杖，很关心地说：“您身体不好，走路要小心。”赵浩公毫不留情地讥讽道：“我这不是拐杖，是打狗棒，专门用来痛打落水狗的。”

1933年2月，上海东北义勇军后援会、中华民国救国团体联合会、中国画会联合举办“全国艺术家捐助东北义勇军作品展览会”，赵浩公与黄般若、何

[1] 独孤行者：《黄般若与广东画坛》，1972年。

香凝、陈树人一同出任筹备委员。

1937年7月7日抗日战争全面爆发，是年赵浩公特地创作了一幅人物画《邝湛若先生像》。邝湛若即邝露（1604—1650，广东南海人），明末广东著名学者、诗人。邝露能文能武，既精于诗文、书法、鼓琴，又善兵法、骑射。清兵南下时，南明永历帝封邝露为统领，在广州抗敌。永历四年，清军兵临城下，邝露与诸将英勇守城十余月。城陷后，邝露拒不降清，抱琴❶绝食而死。❷在赵浩公的画笔下，身穿明朝服饰的邝露脸庞清瘦，目光坚定；双手抱琴，巍然挺立。赵浩公通过塑造坚贞不屈的古代民族志士的形象，寄托了他强烈的民族情感。

1938年10月21日广州沦陷，赵浩公本着坚决不为日本人做事、坚决不受日本人奴役的信念，毅然舍弃在广州富裕殷实的家境，带着家人到香港，以卖画、授徒维持生计，过着清苦的日子。

在香港期间，赵浩公绘画了大量“托物喻性”题材的作品。如中国传统绘画中“四君子”的梅、兰、菊、竹，“岁寒三友”的松、竹、梅，以及“三清”的梅、竹、水仙等。在中国古典绘画，特别是在文人画中，上述植物被认为有“高洁、挺拔、绝俗”的品格，常与士人崇尚的“君子人格”联系起来，有着特别的象征意义。赵浩公在抗战期间反复绘画这些题材，更是有着特别的象征意义：托物喻志、抒发情怀；表达坚贞不屈、傲世独立的“高风亮节”——民族气节。

抗日战争期间，赵浩公在其绘画的题识中，表达坚贞不屈的民族气节、怒斥日本侵略者的文字比比皆是：

丁丑八月十七夜，月明如水。而警号忽鸣，相率避去，凌晨尚未解除。起坐作此，并书徐诗。事到无可奈何之境，惟有置生死于度外。浩公并记。

——1937年画墨梅图题识❸

去秋，沪贾衔某倭寇命欲以重值夺去，东莞黄君般若托友人借得原迹，各摹一本……

——1938年临摹元人钱舜举《梨花图》卷❹之跋

仿陈章侯意画古梅一枝，聊作斋头供养。回忆故园，百感交集，为之一叹。石佛并录徐巢友诗二律于香江。

——1938年仿陈老莲意梅花之题识❺

❶ 邝露是著名的收藏家，收藏有“绿绮台”琴（该琴与“春雷”“秋波”“天响”并称“岭南四大名琴”）等名琴。他死后，其收藏的唐琴“绿绮台”、宋琴“南风”被清兵所得，售之市上。其中的“绿绮台”琴先后为叶文龙、张敬修、邓尔疋等名士所藏。

❷ 王士祯《论诗绝句》有云：“海雪畸人死抱琴，朱弦疏越有遗音。九嶷泪竹娥皇庙，字字离骚屈宋心。”

❸ 赵浩公：《古梅册》（广州艺术博物院藏）之四题识。

❹ 广东省博物馆收藏。

❺ 赵浩公：《古梅册》（广州艺术博物院藏）之一题识。

……去秋广州失陷，而莞城亦相继。此（画）册为倭匪所掠，今为港商梁某所得……

——1939年拟汪近人墨梅之题识[1]

1940年11月16日，由中国文化协进会艺术研究委员会主办的“明末四画僧之画”座谈会，在香港大学冯平山图书馆举行。在抗战时期举行的这次绘画学术座谈会，无疑具有特别的意义。“明末四画僧”即八大山人（朱耷）、石涛（原济、苦瓜和尚）、渐江（弘仁）与石谿（髡残），他们原来或为明宗室的子弟，或为明朝的生员。在明末清初之时，他们经过国破家亡、抵抗清兵而最终失败的种种历练，成为敌视清王朝的遗民。他们隐居荒村野林，逃禅遁入空门。他们借绘画抒发情怀，在绘画中表现了独立不倚、坚贞不屈的精神气节。他们以其特立独行的画风展现了自身的灵魂和生命，开创了元明以来中国绘画从未有过的崭新风貌，对后世产生了深远的影响。

59岁的赵浩公出席了这次会议，并做了长篇发言。他详细分析了“四画僧”对绘画艺术的深刻领悟和卓尔不凡的创造才能，如：石涛的“随意点染，信手拈来”“其作品苍莽淋漓，变化万端”；八大山人的“由有法至于无法，所写鱼鸟花卉，更意到笔到，不假思索，一空依傍，此后人所不能学者。所作多抒发其亡国的感慨”；石谿是“非功夫深到者不可学之，否则只得皮毛而柔弱矣”；渐江“画格之高，有不食人间烟火之妙”[2]等。他对“四画僧”特立独行的艺术风格与坚贞不屈的民族气节表达了由衷的敬意。

1941年5月，香港的中国文化协进会举办“东江兵赈书画展会”，赵浩公任陈列组成员，并捐出十件作品。

1941年12月25日，日军攻占香港。1942年3月，赵浩公带领家人逃离香港。他们徒步由淡水经东江进入粤北的曲江，行程历时50余天，途中曾因断粮而乞讨，最后到达粤北山区的连县三江镇。据时人记载，在此期间，赵浩公“遍历敌伪之威胁利诱、疾病饥寒之痛苦，以六十余龄衰老之身，不避艰危，保全晚节，实足敬仰”[3]。

在粤北期间，赵浩公还多次以自己的绘画专长，积极参与筹款募捐活动，尽力支援抗战。

1942年10月4日至6日，抗日将领香翰屏为韶关《大光报》募捐“读者号”滑翔机，以及为方便医院筹募救护基金，在韶关的黄田坝青年教育会举行古画展览。赵浩公除主持展览事务外，还在展场内即席挥毫作画，鬻画筹款。但因颜料无法买到，他的即席挥毫只画水墨梅花及石头，每张收款50元。如观众需

[1] 赵浩公：《古梅册》（广州艺术博物院藏）之六题识。

[2] 上述引文转引自黄大德编撰：《赵浩公年表》，朱万章、郭燕冰主编：《广东“国画研究会”研究》，岭南美术出版社，2010年。

[3] 长平：《癸亥合作社》，见广州《天行报晚刊》，1946年11月1日。

要画仿古花鸟，则要另外的润格。其润格是“山水花卉：中堂横批三尺二百元，四尺三百元；册页一百元，斗方一百五十元。兽口润例加倍。如需特别名贵纸张由购画者自备”[1]。赵浩公先后售出《仿古花鸟》《墨梅》《花鸟》《梅石》等数十幅绘画，为抗日募捐做出了自己的贡献。[2]

1943年，赵浩公从连县寄出48幅画到重庆，拟由胡毅生为其主持举办个人画展。适逢广东发生严重饥荒，在渝的粤籍人士发起赈灾大会，同时举办书画义卖展览。赵浩公闻讯，当即决定将这批绘画全部捐出，参加赈灾义卖。

…………

1945年8月15日，日本宣布无条件投降，抗日战争终于取得胜利。64岁的赵浩公带着病弱之躯回归广州。回穗后，他发现藏在家中的十多箱绘画作品以及藏画、古砖、奇石、印章、古玩等被日寇搜掠一空，悲愤交加，大病一场，此后身体更为衰弱，对日本侵略者则更为痛恨。

1947年11月，赵浩公在广州主持国画研究会复会会议。会议制定了“惟曾参与侏儒之文化协会，甘隶敌酋伺眼波承色笑者，未许问津”[3]之严正决议。

1948年，一个曾在日寇侵略期间“下水”[4]的女画家在广东文献馆举办画展，在展场上，赵浩公当面大骂她媚敌、无耻。

回顾赵浩公所处的时代背景，就不难理解赵浩公为什么对源自日本的“折衷派”那样深恶痛绝。赵浩公强烈的反日情绪，超出了艺术和派别的本身，体现了他在中华民族生死存亡的时代中强烈的民族主义精神。后来有人假设，如果“折衷派”学习的不是日本画而是西洋画，那么国画研究会与他们的论争也许不会发生（2010年，黄大德访谈中，黄大德先生的假设）。而时人在评价国画研究会时，就认为“这一个团体是老牌的‘反日’壁垒”[5]，而赵浩公，则可称为一位坚定的“反日”志士。

贯穿于赵浩公毕生的这种强烈的民族主义精神，凸显出他那强烈的爱国主义情怀——无论是在文化艺术上，还是在人格气节上。

力证中国画传统的现代价值

作为著名画家，赵浩公最终是以其作品立世的。赵浩公是近现代岭南画坛少见的全才型画家，他精通中国传统绘画的各个画科与各种风格；他融汇南北，在深厚的传统基础上创新——从中国画自身的传统去寻求发展与变革。他

[1] 见黄大德编撰：《赵浩公年表》“1942年”条目，朱万章、郭燕冰主编：《广东“国画研究会”研究》，岭南美术出版社，2010年。

[2] 陈智亭：《古书画展参观记》，见韶关《大光报》，1942年10月5日。

[3] 黄般若：《国画研究会复员》，见黄般若著，黄大德编：《黄般若美术文集》，人民美术出版社，1997年。

[4] 即曾在日伪的文化组织任职，或参与相关的活动。

[5] 长平：《癸亥合作社》，见广州《天行报晚刊》，1946年11月1日。

的创作实践，既阐述了中国画独特的审美特点，又有力地证明了中国画传统的现代价值。

南粤的“北派”高手

赵浩公是广东近现代“传统派”绘画杰出的画家之一。赵浩公的绘画，除了前面论述的仿古画之外，其创作画的成就更为突出。赵浩公于中国传统绘画的花鸟、山水、人物，以及楼阁界画等画科，于所谓的“南宗”“北宗”风格无不擅长，无不精通，是岭南绘画历史中罕见的多面手。

在广东画坛上，赵浩公以其既有深厚传统根基，又有自己创意、自成面貌的“北派”写实绘画（主要是花鸟画与山水画）最为突出、最为人称道。

按照明末董其昌的划分法，“北宗”绘画始于唐代李思训父子的青绿山水，继承者有宋代的赵幹、赵伯驹、赵伯骕，以及马远、夏圭等人。[1]“北宗”绘画盛行在唐宋时期，而自元代以来却随着文人画的兴盛而日渐衰落。

岭南开发较晚，其文化艺术的发展亦较晚。岭南真正的绘画时代是从明代开始的，岭南绘画的发展，并没有像中原、江南地区那样经历从唐宋的写实到明清的写意的漫长过程，而是从一开始就走上了水墨写意的道路。到近现代，源自江南的文人写意画流风，更是成为岭南画坛的主导。民国初年，作为岭南文化艺术中心的广州，其画坛的写意路子越走越窄，当时画人们因袭的主要为清末的“海派”与“河南派”两派的流风：前者为上海的任伯年、朱梦庐、钱慧安、吴石仙一路的小写意画法；后者为广州“河南”（珠江广州段的南岸）的居廉及其门生一派的小写意没骨画法。当时广州的画人大都以这两派为师，对清代文人画的其他流派都极少涉及，更不要说上溯唐宋的写实绘画了。

从小置身在艺术市场的赵浩公，却不受文人绘画圈的约束。他既力学“南宗”一系的文人写意画，又突破岭南画坛一直承袭的写意流风，上追两宋，溯源隋唐，精研“北宗”各家的写实绘画。在全面传承的基础上，赵浩公对中国绘画历史中的“作家画”（“北宗”画、写实画、工笔设色画）有着深刻的认识：

> *作家画以下笔工细、布景茂密，及按物写形为主要点，其中对于线条及傅（赋）彩，亦有相当注重。此派作品，影响及于我国现代实用美术，如陶瓷、漆器、雕刻、刺绣等，作品有极重要的地位。惟其一切用笔及设色，处处仍能表现国画特性，即和文人画的分别，也只是用*

[1] 董其昌著，屠友祥校注：《画禅室随笔校注》卷二，上海远东出版社，2011年。

笔和设色的方法略有不同，并非以线条及傅（赋）色为主，而绝不讲求用笔用墨的……（文人画）用笔则求其超卓，用墨则求其化机，着色则求其沉着调和，立意则求其表现幽而能茂、雅而能厚、古而能新。这里所举都是文人画的要点，即是文人画的特性，这种特性在作家画内也要依然保存。所以，这种特性不单是文人画的特性，同时可说是一般国画的特性，文人画和作家画都要充分具有这种特性在内，其间的不同，只是有程度上的差别，即是方法的微有变换而已。[1]

赵浩公对长期以来被文人画家轻视的“作家画”进行深入的钻研。他掌握了精湛的“北派”一路的法规技艺——格法周密、按物写形、工笔勾勒、重彩敷染等。赵浩公工笔设色的“北派”绘画，无论是大幅巨制，还是细帧小品，抑或是金碧山水，又或是双钩花鸟，都与当时风靡广州画坛的“海派”与“河南派”的写意画风迥然不同，在南粤画坛展示了传统绘画的写实面貌。

赵浩公工笔设色的花鸟画与杂画中，现在能看到的佳作主要有：早年的《白鹅图》，1927年的《寒柳白鹅图》，1930年的《抚滕昌祐白鹅图》《晚翠（枇杷）图》《晚翠（花石）图》，1931年的《仿恽寿平梅花》，1935年的《仿宋人栖禽图》，1936年的《果树与昆虫》《南瓜、荔枝》《番瓜、水瓜与葫芦瓜》《番瓜与核桃》，1937年的《鹌鹑图》，20世纪30年代的《梅花册》（八开）、《白梅寿石》，1940年的《桃花白头翁》，1941年的《纯是君子·水仙》等。

赵浩公的《白鹅图》《寒柳白鹅图》与《抚滕昌祐白鹅图》，都是以白鹅为题材，甚具“宋院画”风格的作品。这些画严谨写实，状物摹形：将白鹅的驻足觅食、嬉戏鸣噪之形态尽收笔下，对物象的描写精细入微。画中对细节的描写特别逼真，几幅画中白鹅的层层羽毛，都是以纤细而又劲健的工笔一丝不苟地描绘勾勒，再以一层又一层的粉与色敷染出来的。在衬景方面，那泛绿的草地、飘拂的杨柳、蓬勃的小花小草，无不清新润泽，生意盎然。赵浩公那纯熟的双钩填彩的技法，深得宋院画的工细、明丽、清新之致。这几幅以工笔重彩绘就的“白鹅图”，没有拘谨、刻板、艳丽之感，却显得颇为生动活泼，可谓形、神、理、趣兼备；其中的《抚滕昌祐白鹅图》，更是集工致、清新、灵动于一体，尤为精美。

赵浩公的《仿宋人栖禽图》是一幅精美的工笔设色绘画。该画的构图开朗清疏：在高高的竹篱上面，栖息着一只羽毛丰满的禽鸟；缠绕着竹篱的是青葱的绿叶与娇艳的红花……赵浩公对物象的体察、描绘可谓精细入微：如竹篱的

[1] 牛口（赵浩公）：《二次全美展览审查之我见》，见《第二次全国美展广东预展会专刊》，1937年。

凹凸起伏、花叶的阴阳向背、花瓣的绽放层次，甚至连花叶花瓣上不规则的虫口、花叶边沿干枯蜷缩反叠的形态等，都一一描绘了出来。赵浩公在工笔画那繁密、精细的勾描与丰富明丽的设色当中，又处处表现出写意画“简法”的秀逸之致：画面晶莹澄澈，工细的线条显得飘逸灵动、萧散闲适，充满韵律的节奏感；敷染的色彩虽然丰富明丽却又显得分外清淡……整个画面，散发出一种淡淡的典雅、文静的气韵，可谓“精工之极，又有士气”[1]。

赵浩公的《鹌鹑图》是其院体绘画的又一精品。画中那两只在坡地上踱步的鹌鹑，悠然自在，生动活脱；它们脚下茸茸的绿草，身后节节拔高的竹笋等植物，在明媚的春光中恣意舒展。画面那鲜活蓬勃之状美不胜收，和煦的春风，夹带着小禽鸟的叽咕以及淡淡的植物清香，仿佛扑面而来——物象在清空疏朗的构图中既显得明净灵动，又充满蓬勃新鲜的活力。赵浩公以其精湛的写实功力状物摹形：以工致精细的线条勾勒物象，再敷以丰富微妙的色彩，造就相当的“形似”。然而赵浩公又不是一味地追求“逼真”，他在“工”中寓“写”，把宋院画深入细致的观察写生、生动具体的描绘，与宋人注重对物象神韵的把握、注重作者主观情趣的表达融为一体，造就了一种别致的绘画图式语言——在精工细致的笔墨之中，表现出一种独特的清新淡雅灵秀之气，营造出一种清新自然的趣味。

赵浩公的《梅花册·之一》与《白梅寿石》是两幅精美雅致的工笔扇面画。两画在折扇上宽下窄的小小圆弧形状之中，巧妙地构思布局：《梅花册·之一》那坚实的梅树和沁香的梅花偏倚在扇面的右边，左边则以大段的题识做“平衡”；《白梅寿石》是一块寿石置于扇面正中，一株白梅从右面欹侧而出，画面充实而又疏朗。两画的取象简略单纯，绘画形象鲜明突出。《梅花册·之一》名为“戏仿陈章侯意”，陈章侯即明末著名画家陈老莲，其绘画以奇傲古拙、富于装饰趣味著称。赵浩公此画既得陈老莲的韵味，又不乏自己的创意：双钩填彩的梅树梅花，既拙朴又精致，既明丽又淡雅；在拙朴的树干、奇特的石头衬托之下，洁白无瑕的梅花显得玉质如冰，令人赏心悦目。而在《白梅寿石》中，坚硬而通透的寿石与冰清玉洁的梅花穿插在一起，相映成趣。画家描绘物象的线条精工细致而又古雅拙朴；石头沉厚的灰褐色与梅花淡雅的素白色穿插在一起，妙趣横生；线条笔墨随着折扇面弧线的弯曲，流动着独特的节奏韵味。赵浩公的这两幅梅花图，造型古拙，画工精致，缜密而灵动、古雅而清新。梅花的形象虽然是精工勾勒、层层晕色，但却是满含着“简约”“纯化”的意味。那花朵的形与神、态与势、情与意，那清澈的空间，那流动的气韵，那空蒙的情调，有一种不可言状的和谐与宁静，呈现出一种独特

[1] 董其昌称赞赵伯驹、赵伯骕的工笔山水画之语，见董其昌著，屠友祥校注：《画禅室随笔校注》卷二，上海远东出版社，2011年。

的形式美感。

赵浩公的《纯是君子·水仙》是一幅很独特的“工笔水墨画”。该画画的是水仙与湖石。画家以标准“院体”式工整细致的线条“状物摹形”，勾勒出湖石与水仙花的形态。湖石的瘦、皱、漏、透之状，水仙花的袅袅婷婷之姿，被描绘得准确而生动。在精工勾勒出物体的轮廓之后，画家却不以院画传统的“丹青朱黄铅粉”敷色，而是以典雅清新空灵的水墨，层层渲染湖石的阴阳向背。浓淡深浅变化微妙的墨色，既单纯又有着丰富的层次，造成清秀朴茂的视觉效果——虽不施丹青，却有着“色彩”的感觉。由水墨代替色彩渲染的湖石坚挺硬朗，质感十足。在湖石的衬托下，那以淡墨细笔双钩的丛丛水仙，冰肌素裹、翠袖轻拂，自有一种清逸活脱的韵味，极尽“凌波仙子生尘袜，水上轻盈步微月”[1]之美态。赵浩公变工笔画的“缜笔华彩”为“缜笔水墨”，妙趣横生，别具一种形式美感。

赵浩公“北派”一路的工笔山水树石画佳作，现在能看到的主要有1929年的《水村图》、1935年的《南山松柏图》《北派山水图》、1936年的《工笔山水图》、1938年的《山水》（扇面），以及年代不详的《仿仇英青绿山水》等。

赵浩公的《水村图》是一幅精美的工笔设色山水画。该画以高远取景，视野开阔；在立幅的构图中，把山峰、江河、林木、溪桥、水村的辽阔景象一一摄入，其意象辽远而清晰，壮阔而秀逸。画中“状物摹形”的笔墨既甚具“北派”绘画之意味，又有着赵浩公自己的“融汇贯通”：画中的山石、树木、屋宇、小桥等均以“北派”一路的苍健硬朗的线条廓形造型，但其线条又有一种独特的平和、天真的意味，冲淡了“北派”用笔的纵横与凌厉。所画山石的棱角方正，树木的枝干挺直，屋宇与小桥严整，别有一种朴拙、纯和之美感。而画中以粗黑的墨点所作的点苔、点簇，以清润明秀的色、墨所作的些许渲染，使峰峦的青翠、草木的苍绿、水色的明亮，全然笼罩在一片清澈空明之中，冲淡了南宋山水画渲染的“淋漓之气”，别具一种平静、浑厚、舒朗的意趣。

赵浩公的《北派山水图》、《山水》（扇面）与《水村图》较为相似，亦是在严谨的院体山水画之中，展现一种疏朗、稚拙之意趣。

赵浩公的《工笔山水图》是一幅独特的工笔水墨画。该画的前景是巨大的山石，山石上面是挺拔的松树，山石下面是清澈的溪流，以及弯曲的小桥；中景是一个小小的山亭，亭中有人在赏景；远景是茫茫烟雾，山峰若隐若现……画家以“院体”一路的笔墨，准确地为山水树石、亭台小桥造型。嶙峋的山石、劲拔的树木、湍急的溪流等的物体轮廓，全以挺拔劲健、圆润遒劲

[1] 黄庭坚：《王充道送水仙花五十枝欣然会心为之作咏》句。

的线条勾勒出来；在刚线勾皴的基础上，再以淋漓的、有着浓淡深浅变化的水色墨色，层层渲染、点染物象的阴阳向背。近景浓重的巨石、清澈的小溪与远景迷蒙的山峰、缥缈的云烟相映成趣，为画面造成丰富的“色彩”层次。该画虽然以水墨代替色彩渲染，但画中的景物仍然是“北派”绘画的风骨。而在硬朗淋漓的“北派”笔墨之中，又别有一种清逸洒脱的韵味，别具一种形式美感。

赵浩公的《仿仇英青绿山水》则是一幅工笔重彩画。青绿山水具体又有 “大青绿”与“小青绿”之分，是中国古老的画种，亦是“北宗”绘画的主要形式。青绿山水盛行于唐宋时期，其名家高手多为皇族宗亲及宫廷画院中人：如唐代的李思训、李昭道父子，宋代的赵伯驹、赵伯骕，以及王诜、王希孟等人。而自元代以来，随着文人画日盛，青绿山水则走向衰落。赵浩公这幅《仿仇英青绿山水》，表现了他精湛的“北派”绘画造诣。该画以山川树木为主体，在自然景物之中，错落分布着村庄的屋舍、忙碌的农人，以及悠闲的游客。该画的丘壑山石、林木草丛、平沙汀洲、江流波涛，以及村落、人物等景物，全以工细精微的工笔勾勒轮廓，再以厚重的石青、石绿等矿物颜料层层晕染，形成缜笔精微、富丽堂皇的装饰性效果——丘壑雄健浑厚，草木苍翠郁茂，江流辽远开阔，汀渚隐约迷茫，屋宇村落挺立整严，人物形象生动传神……画面既富丽精致，又不乏雄浑宏伟之势。

赵浩公的工笔设色绘画，深得“北宗”绘画的精粹，又不乏自己独特的创意。赵浩公以写实、形似为宗，工夺造化，严谨精美：如画花鸟，将花木枝条根茎的老嫩、花蕊苞萼的开合、叶片叶脉的向背，甚至脉络的缕缕纹丝都一一描绘出来；将昆虫的栖蕊弄叶、飞舞翻转，禽鸟的栖息顾盼、驻足觅食、嬉戏鸣噪等的动静变化，准确而生动地表现出来。他极力塑造了生机活泼、意趣盎然的艺术形象——鲜活娇妍的各色花卉，翠色欲滴的大小绿叶，晶莹剔透的果实，稚态可掬的小鸟……这些集自然界的灵气于一身的生物，洋溢着朝气蓬勃的生命活力。赵浩公画山水则宏观取景，精细刻画，以精微构造雄浑，在宏大中展现精致，画面既严谨工丽，又雍容大气，展现出“北派”纯正的古典写实风格与古典装饰意味。

赵浩公深谙工笔画的经典——宋院画之神韵：不光是摹写物“理”，更是曲尽物“趣”，以表现生意、生气为追求。赵浩公将文人画最为崇尚的“意趣”，溶融工笔画容易产生之流弊，即拘谨、刻板、艳丽，而造就了既缜密工致、严谨精美，又秀逸淡雅、优美清新的新颖画风。赵浩公的工笔画精品，颇得宋院画雍容、高华、温润、缜密、秀丽之致：或是铅轻黛浅，如碧罗之衬玉；或是疏淡含精匀，天工出清新……精描细绘却无琐碎堆砌，刻画入微却无呆板庸俗；重彩则不浮不躁，淡彩则纯净清新……精致的绘画语汇和绘画技巧，给人以赏心悦目的美感；在精细入微的刻画之中，又灵动地展现自然的“物趣”与“天趣”。

赵浩公对“北派”写实绘画——中国传统绘画中不容忽视的宝贵遗产，所做的那种长期的、全面的、精深的学习研究，所做的那种“推陈出新”的创作实践，在近现代的广东画坛，以至在岭南绘画的历史之中，都是十分罕见的。赵浩公于“北派”写实绘画的杰出成就，一洗晚清以来笼罩广东画坛的陈陈相因、纤弱柔靡的小写意没骨之“末流”画风，使具有悠久历史与精湛技艺的中国古典写实绘画，在岭南画坛大放异彩。

文人写意画的名家

在20世纪前期的广东画坛，赵浩公又是一位文人写意画的名家。与他那声名远播的“北宗”一路的写实绘画相比，他那“南宗”风貌的文人写意画同样出色。

文人画始创于北宋的苏轼与文同，自元代以降，日益成为中国绘画的主流。在元、明、清三代，文人画的名家辈出，在“写意”的大前提下，形成了平淡天真、平和含蓄、温润柔和、优美淡雅、狂放不羁、酣畅淋漓、纵横恣肆等迥然不同的个人笔墨风格。

长期浸润在传统绘画之中的赵浩公，突破了近现代岭南写意绘画较为狭窄的师承格局，开阔艺术的视野，上追明清，溯源宋元，精研所谓“南宗”各家各派的写意绘画。在全面传承的基础上，赵浩公对中国绘画历史中的“文人画”有着深刻的认识：

至于文人画，那是国画的精粹所在。文人画的作品，是包涵有恬淡天真的我国国民性，而纯然以用笔和立意为骨干、线条和傅（赋）色，那不过是余事中之尤其余事。用笔则求其超卓，用墨则求其化机，着色则求其沉着调和，立意则求其表现幽而能茂、雅而能厚、古而能新。这里所举都是文人画的要点，即是文人画的特性……

国画的特点，以用笔用墨为最主要，无论方法如何变迁，而这种特点，万万不能磨灭。能于用笔用墨上修养得相当造诣，才能算是一幅国画作品……

——赵浩公《二次全美展览审查之我见》❶

赵浩公对主导中国画坛数百年的“文人画”（写意画）进行了长期深入的钻研，他掌握了精湛的文人画的多种笔墨形式——五代董源的温润柔和，元代黄公望的平淡天真、倪瓒的简逸清疏，明代陈淳秀逸的淡墨浅色、徐渭恣肆的水墨淋漓，清初“四王”那“渊源有自”的集大成笔墨、“四僧”那特立独行的个性笔墨、恽寿平那清新淡雅的“没骨法”等。赵浩公甚具文人气息的写意画，无论是大幅巨制，还是细帧小品；无论是山水，还是花鸟；无论是水墨

❶ 牛口（赵浩公）：《二次全美展览审查之我见》，见《第二次全国美展广东预展会专刊》，1937年。

写意，还是没骨涂抹，以及泼墨泼色等，都与当时风靡广州画坛，仅师承“海派”与“河南派”的写意程式迥然不同，他的写意画在南粤画坛展示了传统写意画丰富的各家各派面貌。

赵浩公的作品属于“写意”“意笔”一路的花鸟画与杂画，现在能看到的佳作主要有：1927年的《仿陈淳花卉》，1931年的《仿恽寿平梅花》，1933年的《红萝卜、白萝卜》，1934年的《竹篱花蝶》与《清供图》，1935年的《秋葵文石图》与《荷花图》，1936年的《芭蕉图》《荔枝》《水仙石头》《番薯》《西瓜、沙梨与草菇》《沙葛与乌榄》《南瓜与荔枝》《茭笋、刀豆与红枣》《白菜、红柿与蘑菇》《水墨白菜》《红姑娘像·苦瓜》《仿南田翁意荔枝》《花丛小鸟》《野草昆虫》《石上啼鸟》《红花绿叶》，以及《花鸟》（五开），1941年的《菜笋图》，1942年的《松竹石图》，1946年的《仿恽寿平花卉》（四屏），以及年代不详的《桃花水仙海棠果》《红菊小鸟》《鸡冠花》《野花小鸟》《蕉下罗汉》《兰石图》等。

赵浩公的《荷花图》是一幅水墨写意画。该画的构图疏宕、自然：在长长的水草与点点的浮萍之间，阔大的荷叶向水面垂下，一朵出水的荷花向上舒展，极尽“中通外直，不蔓不枝，香远益清，亭亭净植”❶之态；荷花那“出淤泥而不染”❷的洁净之质不可名状，其不尽之意阐述了一种高洁正直的君子人格的哲理，淡淡地融化在可视的花卉形象之中，又浓浓地呈现在画面的形象之外。该画的写意笔墨十分精粹：墨色清柔透明，水分饱满润泽，笔法纵逸；在洒脱而又文雅的涂抹、点画之中，在飞扬而又内敛的逆进、顿挫、疾徐和飞白之中，展现了一种笔墨本身独立的“意趣”。绘画的笔墨意趣，向来是文人画所重视的一个要点；深得文人画要旨的赵浩公，则是把笔墨之美——追求气韵、趣味，作为其“写意画”的关键要素；他强调笔墨本身所具有的形式美感，强调笔墨本身独立的审美价值。而赵浩公的其他水墨画，如《水墨白菜》《菜笋图》《仿陈淳花卉》，亦展现了淡雅清华、文雅秀逸、简括凝练、苍劲淋漓的写意笔墨功力，展现了笔墨本身的形式美感，展现了文人画极为崇尚的气韵。赵浩公精湛的文人画造诣，从上述的绘画中可见一斑。

赵浩公的《桃花水仙海棠果》、《仿南田翁意荔枝》、《仿恽寿平梅花》、《仿恽寿平花卉》（四屏）是其融会贯通清初大画家恽寿平（恽南田）艺术的精品。恽寿平是在绘画史上开一代新风的人物，他融合宋元绘画、融合工笔与写意绘画，创立直接以色彩点染的“没骨法”，影响深远。赵浩公可谓深得恽寿平之艺术精髓。如他的《仿恽寿平梅花》，纯以“没骨法”画一株梅花，物象既有院体画写生状物的精细华丽之致，又有文人画的清淡、飘逸、文

❶❷ 周敦颐：《爱莲说》。

雅之韵；将梅花的疏影横斜、蕊寒香冷之意态，表现得分外动人。在《仿恽寿平花卉》（四屏）中，赵浩公以纯熟的半工意的笔法，分别绘画了“梅花水仙”“茉莉山茶”“桃花绣球”“紫薇红叶”等花卉。赵浩公在表现花卉的柔美秀丽之时，又祛除艳丽华靡，营造出一个淡雅、洁净、清新的境界。与该四屏画相似的还有赵浩公题识曰“写南田翁意”的《桃花水仙海棠果》。

赵浩公的几个扇面册、斗方册中的《红萝卜、白萝卜》《竹篱花蝶》《番薯》《西瓜、沙梨与草菇》《沙葛与乌榄》《南瓜与荔枝》《茭笋、刀豆与红枣》《白菜、红柿与蘑菇》《红姑娘像·苦瓜》《花丛小鸟》《野草昆虫》《石上啼鸟》《红花绿叶》《红菊小鸟》《鸡冠花》《野花小鸟》等画，则是融“小写意”与“没骨法”于一体的佳作。小写意是介于写意与工笔之间的技法，即半工半写，相对于大写意而言，它更加注重对局部细节的刻画。在上述的画作中，赵浩公时而用轻松萧散的“小写意”，时而用简括浑融的“没骨法”，两者水乳交融，再施以明丽洁净的设色，造就一种文雅清逸的格调。其绘画形象妙在“似与不似之间”：不论是娇嫩的名花还是野生的小草，不论是饱满硕大的瓜还是小巧玲珑的果，不论是轻盈的小鸟还是灵动的昆虫，既有物象鲜活灵秀的自然特征，同时又有一种独立的笔墨形式的展示。文人写意画的真谛，在赵浩公笔下得到地道的诠释。

赵浩公的作品属于“写意”“意笔”一路的山水画，现在能看到的佳作主要有1923年的《秋山图》、1924年的《观崖山水》、1929年的《水村图》、1935年的《云山烟树图》（仿石涛）、1936年的《米氏云烟》《仿南田山水》等。

赵浩公的《观崖山水》，自题曰“仿文衡山意”。文衡山即明代大画家文徵明。文徵明擅画山水，尤以工致的“细文”[1]为胜，气韵神采独步一时。赵浩公这幅画的立意，深得文徵明艺术之神韵：表现一个宁静、幽远而又生气勃勃的山水境界。画面布局在繁密中见疏朗，近景的一丛树木是绘画的主体，树上的叶子大多已经脱落，但光光的树干在冬日的寒风中并没有萧瑟之态，却是显得别样清劲挺拔，仍给人以郁茂之感；远景高耸的山峰崖壁若隐若现，一群飞鸟正在山间掠过；中景是两个神态悠然自得的古代文人，正饶有趣味地观赏着山中的飞鸟。赵浩公这幅山水画的笔墨，更是深得文徵明“细文”之精髓：用笔温润文静，设色淡逸清秀，于工细中寓清刚，于平和中见深邃，格调典雅，散发出隽永的韵味。山清水秀的风光与含蓄蕴藉的笔墨融合在一起，给人一种闲适雅正、怡情寄意的文人意趣，一种“清、贵、雅”的美感。

赵浩公的《米氏云烟》是以宋代米芾、米友仁一路的“米家法”绘就的山水画佳作。在扇面形的画面中，只见青山含黛，山间云雾缭绕，山下水波渺

[1] 文徵明画山水有“粗文”与“细文”之分，以“细文”最为人称道。

渺。赵浩公纯用水墨表现山峦云烟：以毛笔饱蘸纯净润泽的清水与浓淡深浅的墨汁，侧笔横点，错落迭垛，不着线条，不加皴擦，任由水与墨在宣纸上相互渗透，形成浑融朦胧的肌理效果。而画家看似漫不经心，却是自然而然地留出空白，使一片模糊的墨色显得空灵通透，形成岚气清润、烟雾迷茫、云气氤氲的山水美景。赵浩公这种寓丰富于纯净、造微妙于一统的手法，可谓深得宋人形容米氏父子笔墨的“信笔为之，多以烟云掩映树木，不取工细”[1]“点滴烟云，草草而成，而不失天真”[2]之妙。

赵浩公的《云山烟树图》（仿石涛）是又一幅山水佳作。画中题写的仿效对象“苦瓜僧”，即是明末清初的著名画僧石涛。石涛的山水画变化多端，画无定法，创意新奇。赵浩公这幅学习石涛的山水画，构图雄浑奇逸，画面上巨石苍崖层叠而上，山石间树木草丛郁茂，溪流蜿蜒其间，清冽可人。丘林溪水之间有屋宇和小舟，小舟上有一个闲逸的士人。赵浩公将石涛的多种画法融汇为一体：亦勾亦写，亦点亦染，干湿浓淡，夹水夹墨。在淡雅清幽中见纵横恣肆，在繁复稠密中见松秀空灵，在润笔湿墨中见苍劲干涩。可谓既得石涛山水之意韵，又有着赵浩公自己的面貌——将笔墨的形式之美发挥到淋漓尽致。

赵浩公的《水村图》自题曰“抚南田翁法”。恽寿平以花卉名世，其实他在山水画方面同样有着高深的造诣。赵浩公的这幅扇面画，可谓既得恽寿平山水画之神韵，又具有自己的面貌。该画尺幅不大，但取景开阔：近景是平坡汀洲，上有错落的屋舍、曲折的小桥、萋萋的芳草；江渚间有渔舟点点，桅杆丛丛。远处是辽阔的大江，江水如流天地之外；最远处烟雾茫茫，山峰若隐若现……该画纯以水墨绘就，其笔墨既气沉力厚，又细秀郁茂，展示出一种独特的明秀舒朗、淡荡清空之气，使“不施丹青”的峰峦显得青苍，草木泛出翠绿，水波荡漾着清澈，组成了简洁纯净而又层次丰富的画面；以精粹的笔墨形式来加强绘画形象的可视性与趣味性，营造出一个辽阔旷远、淡宕清逸的优美境界。

…………

赵浩公的写意画，无论是对传统笔墨承传的精益求精，还是寻求笔墨语言的“现代感”，都突出体现了他对中国文人画特殊性的感悟——在文人画（写意画）领域，笔墨的表现性效果比之写实、形似更为重要；作为以形式为特征的写意画艺术，其形式语言自身更有价值。赵浩公的写意画实践，对中国画坛自20世纪初以来受西方的猛烈冲击，重写实、重形似，轻视传统绘画笔墨之大势而言，是一种难能可贵的坚持。

[1][2] ［宋］邓椿：《画继》。

在传承中的发展创新

赵浩公是20世纪前期广东画坛“传统派”的中坚人物。他强烈反对“不中不西”的“新国画”，强烈反对以东洋画与中国画“折衷”，一度被视为落后保守的代表。

其实赵浩公并不是一个因循守旧的“老古董”，他生活在中西文化激烈碰撞的大时代，他受时代潮流的冲击，亦主张中国画的创新：

*我们要树立国画的宗风，岂徒是抱残守缺而已。*❶

赵浩公同样认为中国画应该创新，但是在怎样创新方面，他却与高剑父的“折衷派”产生尖锐的对立。他与国画研究会的同人一道，反对高剑父的“国画题材创新”，如以飞机、坦克、火车、汽车、轮船、电线杆等“现代事物”入山水画；更加强烈反对高剑父的“国画形式技法创新”——“折衷中西，融汇古今”，如摒弃中国画惯用的线条，以大片的色彩作渲染，以日本画❷的朦胧光影来表现空间气氛等。

在与“折衷派”激烈论战的同时，赵浩公更是通过绘画的创作实践来阐述自己的艺术主张。他以一幅幅“既传统又现代”的中国画，力证国画研究会的创新主张——中国画是一个独立的历史悠久的画种，它生长并根植于中华文化深厚的土壤中，有自己的思维方式、审美趣味、形式体系和笔墨语言。现代中国画的创新，绝不是以洋画（西洋画及经过“洋化”的日本画）来改造、来“折衷”，中国画的创新，应该是在对中国画传统集大成的基础上，对传统绘画进行全面的整理、总结、扬弃的基础上进行超越与创新。

赵浩公绘画❸的创新，不是绘画题材的“现代事物”与绘画语言的“中西融合”，而是从中国画艺术的自身传统去寻求发展与变革——强调“意境”“气韵”“笔墨”这些中国画的“固有精神”与“本质因素”的发展、变革与创新。赵浩公在长期的、全方位学习传统的基础上，将他领悟到的博大精深的中国绘画传统——包括文人画、院体画、民间画，以及“南宗”画、“北宗”画等化古为今，融古为自我，力求在继承的基础上创新。

赵浩公无论是对写实的院体画、写意的文人画的“师传统”，还是对岭南的山川景物、气候环境的“师造化”，都可以看到他在“化古为我”、推陈出新，致力寻求中国画的笔墨语言——中国画的基础、核心、要素以及中国画的形式构成的“现代感”，致力创造一种亦工亦意、厚朴清新的个人风格，从而

❶ 赵浩公：《国画研究会是怎样成长起来的》，见广州《中山日报》，1947年9月13日。

❷ 高剑父在20世纪之初推崇的日本画，并不是传统的东方绘画，而是经过“明治维新”的学习西方潮流，掺入、融合了西方绘画技法的新日本画。

❸ 本节所言的“赵浩公绘画”，并不包括其“摹古仿古”的绘画。

在继承传统中创新发展。

赵浩公承传“北宗”的绘画，如《抚滕昌祐白鹅图》《仿宋人栖禽图》《鹌鹑图》《梅花册·之一》《白梅寿石》等花鸟画，在那繁密、精细的勾描与丰富明丽的设色当中，准确生动地表现了物象的“形似”；而在那雅淡清新、晶莹澄澈的画面，那飘逸灵动、充满韵律感与节奏感的线条、赋色之中，又生动地表现出中国写意画（文人画）特有的“气韵”。赵浩公的这些绘画，在承传中国古典写实绘画精粹之时，又洋溢着新鲜活泼的新时代气息，与当时中国画坛“融合”“掺入”西洋画法的“写实国画”相比，不但在“写实”“形似”方面毫不逊色，而且在笔墨语言、形式构成方面，更加具有中国气派。

赵浩公的《水村图》、《北派山水图》、《工笔山水图》、《山水》（扇面）等山水画，是中国式的写实绘画，其“状物摹形”的能力，堪与当时风靡画坛的“新派画”比肩。但赵浩公所追求的，并不只是与西画媲美的“写实造型”，而是在中国画的核心、要素——笔墨语言上进行创新。在这些画中，赵浩公虽承传了“北派”一路的绘画技法，但又着意冲淡“北派”用笔的纵横淋漓，以自己创造的平和、宽厚而又清秀的笔墨线条，营造出一个个独特的平和、天真、疏朗的山水画境界。

赵浩公的《桃花水仙海棠果》、《仿南田翁意荔枝》、《仿恽寿平梅花》、《仿恽寿平花卉》（四屏）等画，是在传承“南田笔意”基础上的创新：赵浩公将宋画的工整典丽与元画的幽淡秀雅结合起来，将工笔、意笔、没骨融为一体，将对物象生动具体的描绘、对物象神韵的把握，以及自己主观情趣的表达融为一体。在“形似”之外，更表现出花卉的“神”与“韵”，画面精工而饶有“逸气”；其笔墨色彩既有着恽寿平的遗韵，更有着赵浩公自己的精神气质，有着鲜活的“岭南气息”。赵浩公这些绘画，与当时岭南以至全国大量模仿恽寿平，却是陈陈相因、艳丽流俗的花卉画相比，可谓新鲜别致，独步一时。

赵浩公在《荷花图》《水墨白菜》《菜笋图》《仿陈淳花卉》《芭蕉图》等写意花鸟画中，在《观崖山水》、《米氏云烟》、《云山烟树图》（仿石涛）与《水村图》等写意山水画中，都是在中国画独特的境界意蕴、造型特征与语言形式方面致力创新、发展。在这些写意画中，赵浩公以具有灵动感、节奏感的线条，以及墨象、空白等作为造型的元素，强调笔墨本身表现性效果的趣味；以“抒发情怀”为旨趣，强调精神气韵的表现；以“不似之似”的造型意识，来达到绘画自身的完善。那一幅幅画的写意笔墨，或是文雅淡逸，或是清新秀丽，或是刚劲强健，或是浑厚融合，展现了笔墨本身的形式美感，展现了笔墨本身独立的“意趣”。而赵浩公的这些写意绘画，又呈现出一种新颖的气息，饶有“现代”的意味，体现了中国画的象征性、表现性、意象性在新时代的新面貌。

赵浩公的《椒姜豆芋图》《萝卜图》《竹石栖禽图》《百合图》，则是一组充满创意的融合了“北宗”与“南宗”的精美小品。在这几幅画中，赵浩公将中国画传统的工笔、意笔巧妙地糅合在一起：工致状物的写实形体，坚实、饱满；挥洒涂抹的写意笔道，充满着文人画的韵律。而画中的水色与颜色交融自如，清如水碧，洁如霜露，更是别具一种新颖的、现代的形式美感。

赵浩公的《瓜果册》亦是充满新颖、现代的气息。此册画的全是岭南百姓人家日常食用的蔬菜瓜果：白萝卜、红萝卜、荷兰豆、沙葛、乌榄、南瓜、苦瓜、水瓜、葫芦瓜、竹笋、刀豆、白菜、番茄、草菇、核桃、沙梨、西瓜、荔枝、龙眼、番石榴等。这些充满土膏露气的岭南土产，质朴清新，散发着世俗温馨的生活气息，与传统文人画中寥寥几样的瓜蔬及其“雅”“逸”情趣已是相去甚远。在形式语言方面，《瓜果册》显得丰富多样：既有洒脱的、信手涂抹的大、小写意笔墨，亦有浑融、简括的“没骨”手法。各种岭南蔬果，既有浑圆坚实的“质感”，又有清新水灵的“气韵”。

《瓜果册》之中的《南瓜》一画则更为独特：赵浩公在画这个硕大的蔬果时，特别注重南瓜凹凸面的表现，他以有着浓淡变化的干笔皴擦，将南瓜的体积感与质感生动准确地表现了出来——这是中国画（不但文人画，包括工笔画）一直忽视，而西方写实画一直强调的东西。在表现这种“新意”的时候，他虽然仍坚持中国画“以用笔用墨为最主要”[1]的因素，但那种源自传统的“笔墨”，已经蜕去传统的“古”（师古法）与“淡”（轻描淡写），显得那么坚实、那么新颖，充满着“现代感”。拿赵浩公的《南瓜》与高剑父在同时代绘画的《南瓜》相比，可谓十分有趣。高剑父的《南瓜》往往被作为“创新”的典范作品，高剑父的平民化审美趣味，将日本画、西洋画与中国画熔为一炉的，突出表现“物质感”的形式技法一直受到关注。对比高剑父“融合中西”（或“不中不西”）的《南瓜》，赵浩公的《南瓜》在同样具有时代精神与创新意义之时，更具有中国画的形式语言，更具有民族审美的传统基础。从赵浩公与高剑父所画的两个题材相同而画法迥异的南瓜当中，会对当年国画研究会与“折衷派”关于中国画“创新”的论争有更为深入、形象的认识。

在20世纪中国画坛、广东画坛风云变幻的各种思潮之中，赵浩公与国画研究会的同人一道，恪守中国传统艺术精神，致力继承优秀传统绘画的精神内蕴与笔墨语言，其绘画从内涵到形式都具有浓郁的“中国味”。然而赵浩公又不是一个墨守成规的守旧者，在他的绘画中，同样不乏他所处的从古典到现代新旧交替的时代精神——创新精神。赵浩公的创新，是以现代人的视觉重新诠释传统，是在继承古老的、博大精深的中国画传统中，努力探索具有现代意义的笔墨形态，致力寻求新时代中国画新的形式语言与艺术风格。

赵浩公以复古为更新，以中国绘画的自身规律为轨迹[2]，致力对中国古典绘画优秀传统的全面继承与重新诠释；他从中国画自身的传统，从中国画艺术

[1] 牛口（赵浩公）：《二次全美展览审查之我见》，见《第二次全国美展广东预展会专刊》，1937年。

[2] 万青力教授认为，中国绘画从古代向近代转化有自己独特的方式与历史轨道，它是演变而不是革命，是中国内部的事情，与西方文化（艺术）的冲击无关。见万青力：《并非衰落的百年——19世纪中国绘画史》第三章，广西师范大学出版社，2008年。

的本体，去寻求发展与变革，致力创造属于20世纪的中国画。

赵浩公所走的道路，与他那个时代的中国画大师，如黄宾虹、张大千与潘天寿等人所走过的道路是相似的。

黄宾虹（1865—1955，祖籍安徽歙县）曾整理中国史籍文献数百万言，长期潜心中国画史画论以及金石书画的学术研究，造诣深厚。在绘画方面，他从笔墨入手，在学习传统方面下了过人的功夫。在当时风云变幻的各种美术思潮之中，他特立独行，在继承传统的深厚基础上超越传统，把中国画的笔墨发展到一个新的高峰，体现了革新、创新的“世纪精神”。黄宾虹在传统道路上的实践与成就，有力地证明了中国画传统的现代意义。

潘天寿（1897—1971，浙江宁海人）在中国传统的诗书画印以及画史画论方面均有精深的造诣。他坚决反对以西洋画来改造中国画。他认为中西绘画是两种完全不同体系的艺术，从本质到形式全然相异。他坚定主张“中西绘画要拉开距离”[1]。在绘画方面，潘天寿以现代人的视觉重新诠释传统，赋予传统笔墨以现代意味，构建迥异于古人的现代结构图式，对传统文人画做出了时代的超越。潘天寿在“传统”与“现代”之间的拓展，有力地证明了中国画传统的现代意义。

张大千（1899—1983，四川内江人）遍学中国古代各家各派的绘画。他于人物、山水、花鸟，工笔、写意、重彩、水墨、泼彩，文人画、院体画、民间画，无所不能、无所不精，是罕见的全才型画家。他突破明清以来的“文人墨戏”[2]，从唐宋绘画、敦煌壁画入手，变文人画的空寂淡泊、文雅清逸为气势恢宏、饱满充实，对中国画数百年来的笔墨古典形态做了革命性的突破。张大千将传统融为自我、化为创造的实践与成就，有力地证明了中国画传统的现代意义。

而一直生活在岭南的赵浩公，虽然没有达到上述几位国画大师的高度与知名度，但他所走的道路，与上述国画大师的道路是一致的。赵浩公与他那个时代的美术精英一道，共同为寻求中国画的“现代形态”，为新时代中国画的多元发展做出了不可磨灭的贡献。

以赵浩公为代表的国画研究会的创新实践，在今天看来仍然具有积极的意义。他们对传统的捍卫、对传统的发展，代表了一批珍视民族艺术的中国画家，在新旧文化交替的大时代所走过的一条同样具有进步意义的道路，证明了中国画自身独特的发展规律，证明了中国画的现代价值。

[1] 潘天寿：《中国绘画史》之《绪论》，商务印书馆，1926年。

[2] 而“文人墨戏”正是新文化运动中“国画革命”的对象。

尾　声

1948年9月2日，赵浩公在广州病逝，享年67岁。

9月10日，广州《越华报》刊登《赵浩公纪念专辑》。

12月4—6日，广东文献馆、广东美术协会与国画研究会联合主办“赵浩公遗作展览”，并举行纪念会。纪念会由香翰屏主祭。在会上，多位人士做了发言：香翰屏介绍赵浩公的生平，胡毅生评价赵浩公的艺术，陆幼刚讲述赵浩公的人格，简又文谈论纪念赵浩公的意义。对于赵浩公的生平与艺术，大家都给予了高度的评价。

12月4日，香港《大公报》刊登《赵浩公纪念专辑》，发表有胡根天的《赵浩公在连县》、林清霓的《记赵浩公先生及其画法》与王益伦的《为赵浩公遗作展而写》《敬悼赵浩公先生》诸文。

12月4日，广州《越华报》刊登劳洁灵的《十二年受业的赵先师回忆录》一文。

12月12日，香港美术界人士在港举办“赵浩公遗作展览会”，香港《星岛日报》刊登《赵浩公遗作展特刊》，发表有《赵浩公传略》、简又文题写的《浩公老兄不朽，艺术气节并高》、邓尔疋的《记赵浩公》、《挽赵浩公》（诗四首），与黄般若的《品艺并高的赵浩公》、林清霓的《记赵浩公先生及其画法》诸文。

结　语

在改革开放的新时代，在学术自由的环境里进行的岭南—广东现代美术历史的研究中，赵浩公是一位应该重新认识与重新评价的画家。回顾与反思近百年的中国画革新历程，真正回到中国画的本质和本体来看，有着广东“传统派”中坚之称的赵浩公，并不是所谓的“落后保守代表”，而是一位积极进取的画家。赵浩公对民族文化的执着与热忱，他对中国画传统的坚定自信，他从中国画自身传统的特点中探索中国画的“现代形态”的创作实践，他与国画研究会同人所走过的捍卫民族艺术、在继承传统的基础上使中国画走向现代的道路，在21世纪的今天看来，仍然有着不可低估的进步意义。

图 版

白鹅图

轴　绢本设色
民国　179cm×103cm

广州艺术博物院藏

观崖山水

轴　纸本设色

1924年　96cm×36cm

广州艺术博物院藏

水村图

轴　绢本设色

1929年　377cm × 108cm

广州艺术博物院藏

仿古山水人物

四屏　纸本设色

1929年　143cm×32.5cm×4

广州艺术博物院藏

擬梅華盦主筆法於雪盦石佛

仿趙子昭筆法似
炘持先生教正己巳小陽石佛

瓜 果

扇面　纸本设色

1933年　18.5cm×51.5cm

广州艺术博物院藏

花　鸟

扇面　纸本设色

1934年　18.5cm×51.5cm

广州艺术博物院藏

山　水

扇面　纸本设色/水墨

1936年　19cm×52cm

广州艺术博物院藏

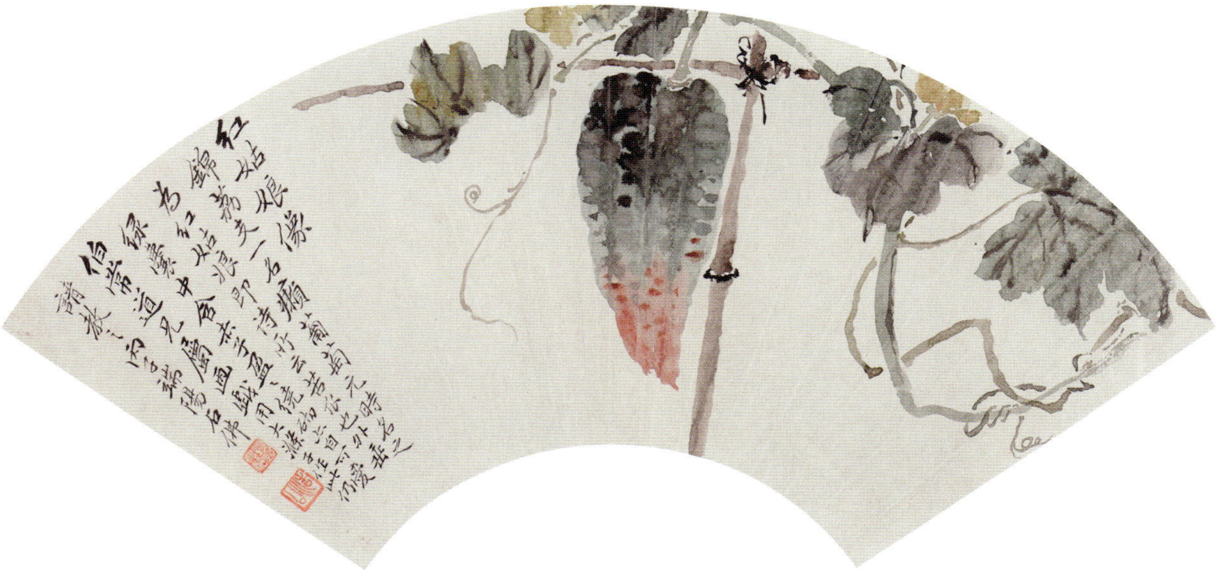

瓜 果

扇面　纸本设色

1936年　18.5cm×51.5cm

广州艺术博物院藏

瓜 果

扇面　纸本设色

1936年　18.5cm×51.5cm

广州艺术博物院藏

瓜 果

扇面　纸本设色

1936年　18.5cm×51.5cm

广州艺术博物院藏

花　鸟

扇面　纸本设色

1936年　18.5cm×51.5cm

广州艺术博物院藏

花　鸟

扇面　纸本设色

1936年　18.5cm×51.5cm

广州艺术博物院藏

花　鸟

扇面　纸本设色

1936年　18.5cm×51.5cm

广州艺术博物院藏

花　鸟

扇面　纸本设色

1936年　18.5cm×51.5cm

广州艺术博物院藏

花　鸟

扇面　纸本设色

1936年　18.5cm×51.5cm

广州艺术博物院藏

山　水

扇面　纸本设色

1936年　18.5cm × 51.5cm

广州艺术博物院藏

花　卉

扇面　纸本设色

1936年　18.5cm×51.5cm

广州艺术博物院藏

瓜果之一

册页十二开　纸本设色

1936年　26.4cm×30.5cm

广州艺术博物院藏

瓜果之六

册页十二开　纸本设色

1936年　26.4cm × 30.5cm

广州艺术博物院藏

瓜果之八

册页十二开　纸本设色
1936年　26.4cm×30.5cm

广州艺术博物院藏

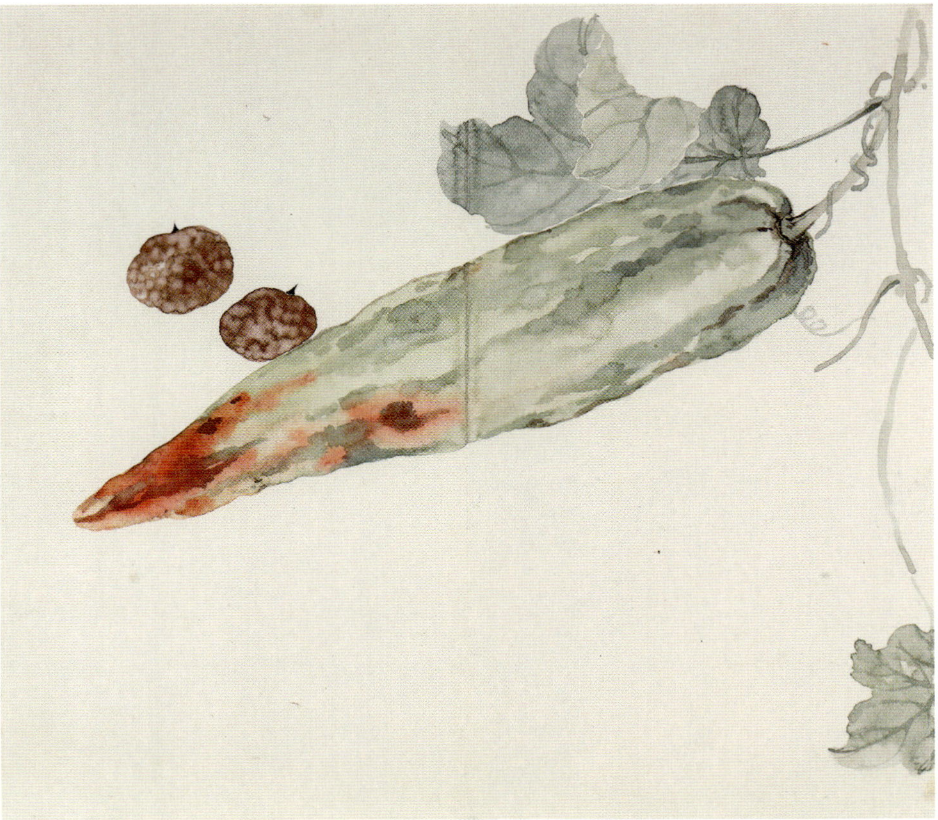

瓜果之十二

册页十二开　纸本设色
1936年　26.4cm×30.5cm

广州艺术博物院藏

仿戴鹿林山水

片　纸本设色

1924年　27 cm × 31.8 cm

广州艺术博物院藏

花　卉

轴　纸本设色

1936年　105cm×33.5cm

广州艺术博物院藏

双清图

轴 纸本水墨

1936年 95cm × 33cm

广州艺术博物院藏

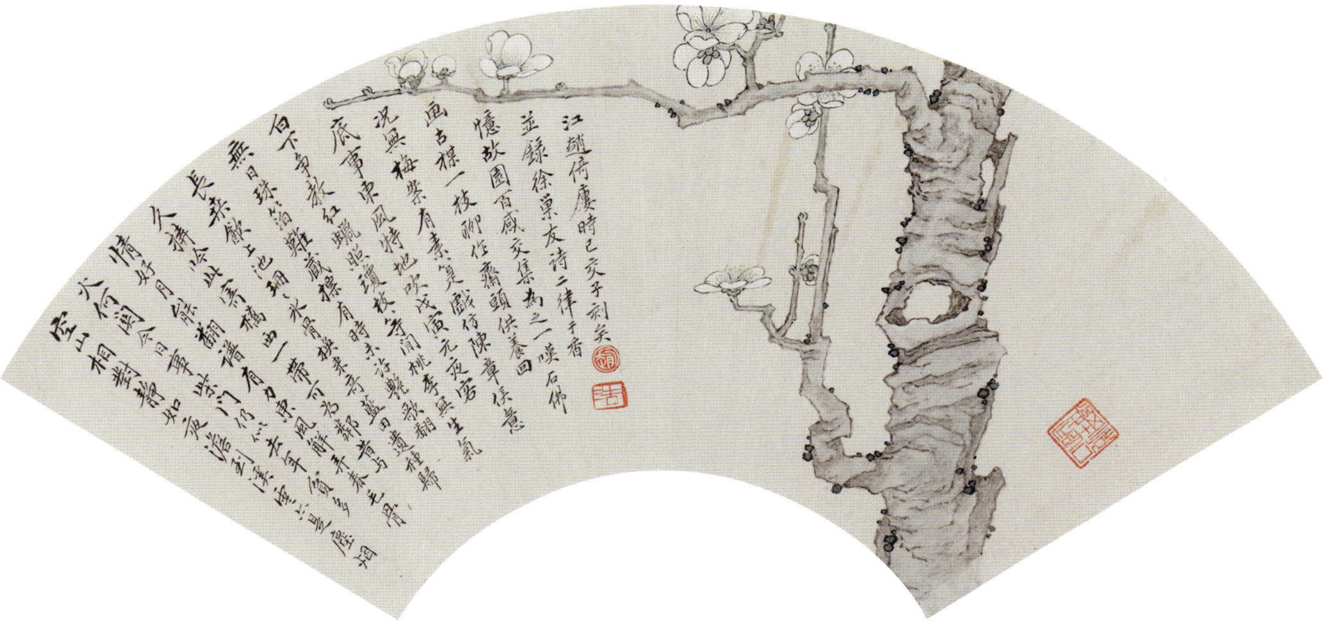

梅花之一

扇面册八开　纸本设色
1938年　18.5cm×52.5cm

广州艺术博物院藏

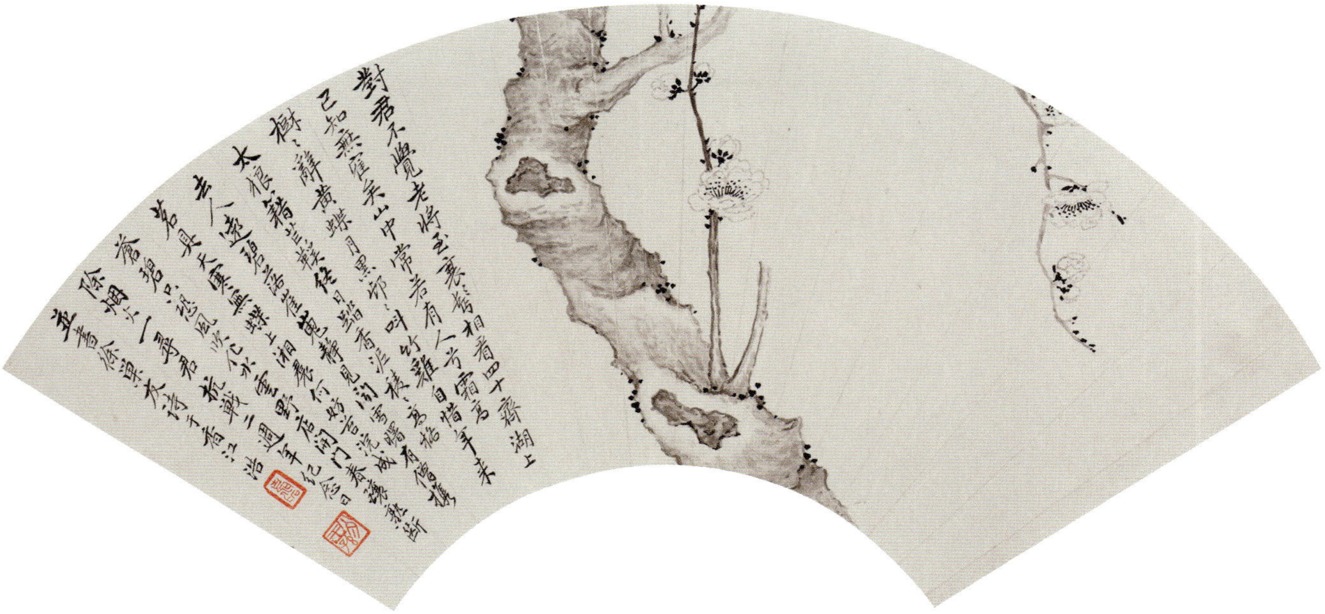

梅花之二

扇面册八开　纸本设色

1939年　18.5cm×52.5cm

广州艺术博物院藏

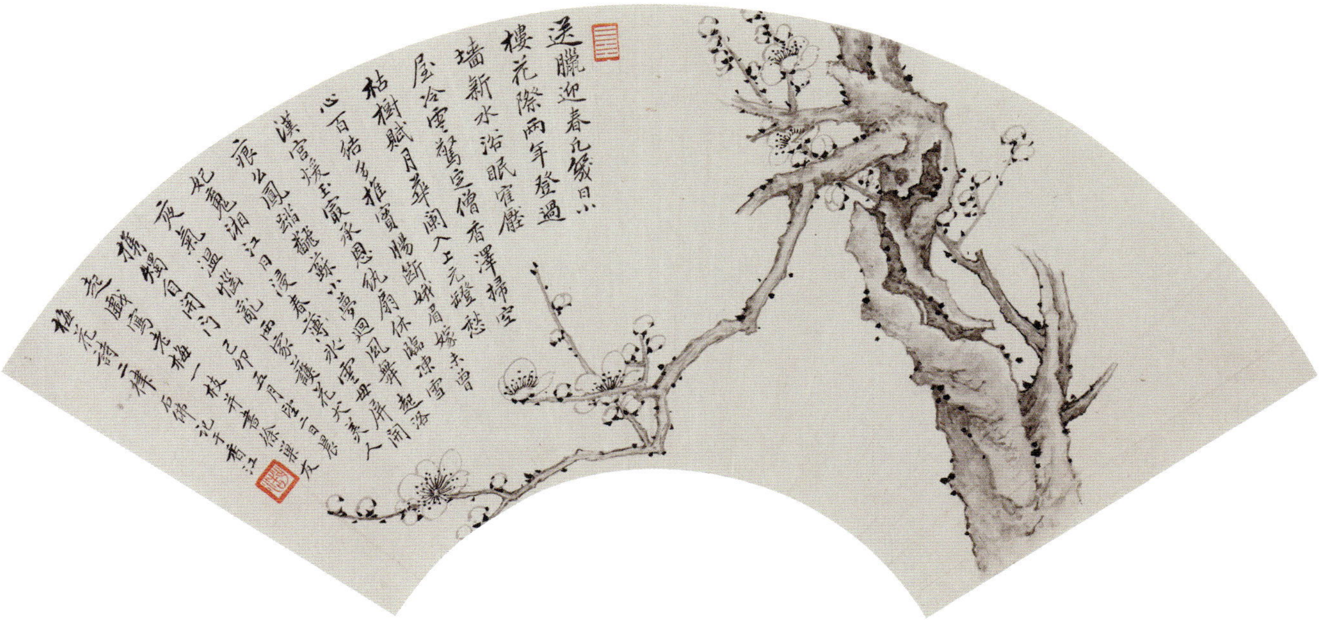

梅花之四

扇面册八开　纸本设色
1939年　18.5cm×52.5cm

广州艺术博物院藏

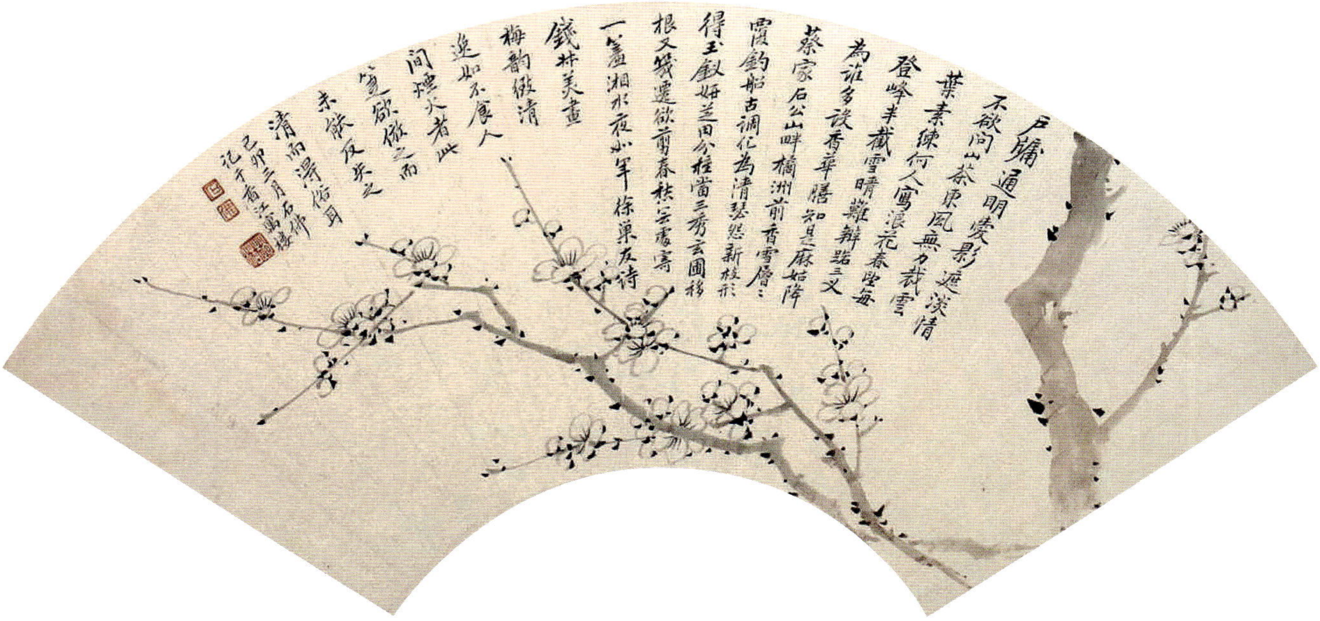

梅花之五

扇面册八开　纸本设色

1939年　18.5cm×52.5cm

广州艺术博物院藏

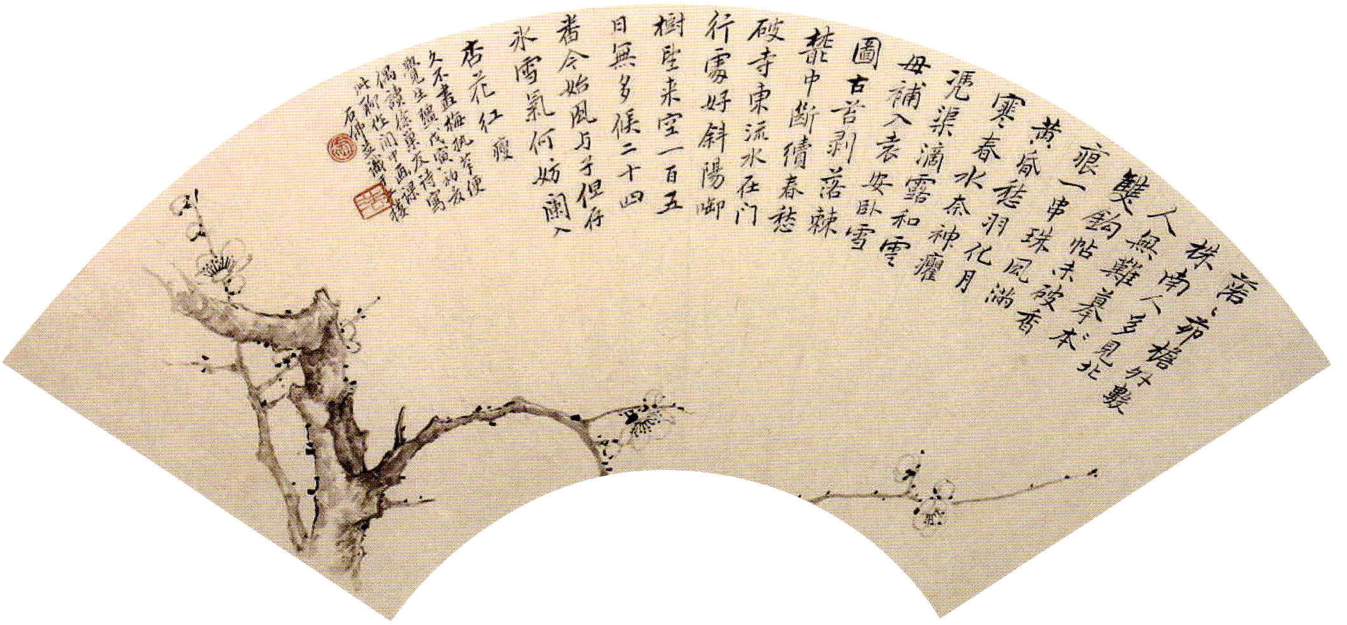

梅花之七

扇面册八开　纸本设色
1938年　18.5cm×52.5cm

广州艺术博物院藏

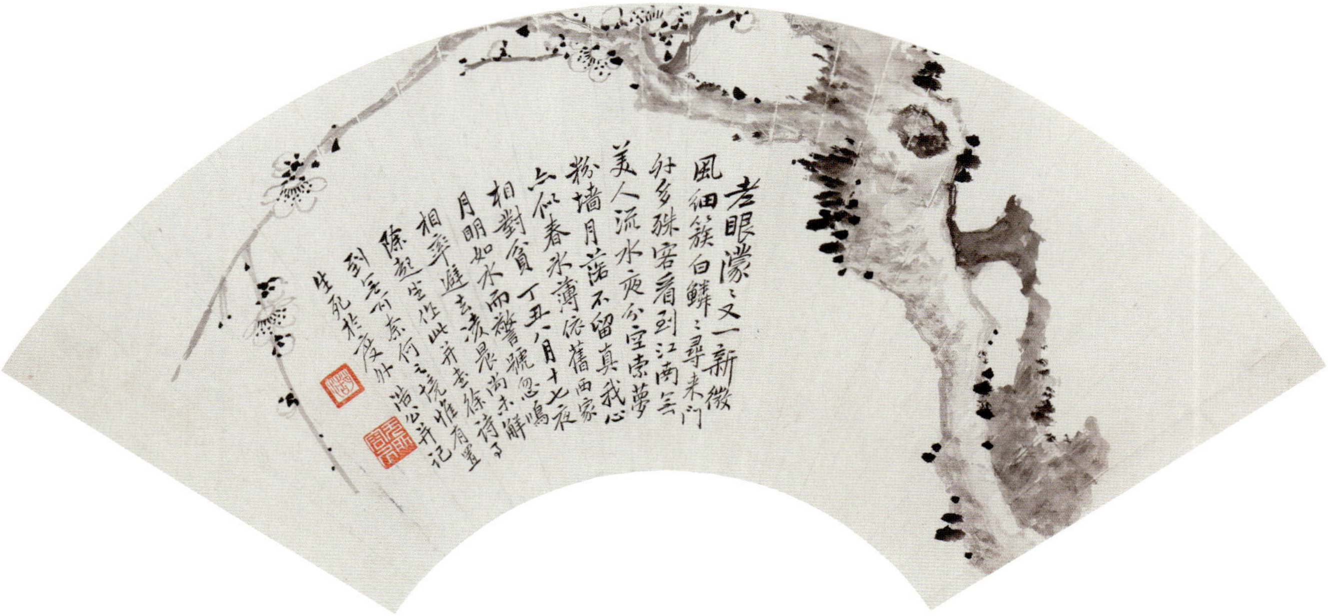

梅花之八

扇面册八开　纸本设色

1937年　18.5cm×52.5cm

广州艺术博物院藏

芭蕉荷花图

赵浩公　姚礼修合作
轴　纸本设色
1924年　108 cm × 40 cm

广州艺术博物院藏

山亭观瀑图

赵浩公　黄少梅合作
轴　纸本设色
1929年　94.5 cm × 34 cm

广州艺术博物院藏

山水图

赵浩公　冯缃碧　潘至中　卢镇寰合作

轴　纸本设色

1929年　94.5cm×34cm

广州艺术博物院藏

篱下西风图

赵浩公　黄少梅　卢镇寰合作
扇面　纸本设色
1936年　19cm×51.5cm

广州艺术博物院藏

山　水

赵浩公　黄少梅合作

扇面　纸本设色

1929年　18.5cm×51.5cm

广州艺术博物院藏

花　草

赵浩公　黄少梅合作
扇面　纸本设色
1935年　18.5cm×51.5cm

广州艺术博物院藏

花　草

赵浩公　黄少梅合作
扇面　纸本设色
1936年　18.5cm×51.5cm

广州艺术博物院藏

花　草

赵浩公　黄少梅合作
扇面　纸本设色
1935年　18.5cm×51.5cm

广州艺术博物院藏

花 草

赵浩公 黄少梅合作
扇面 纸本设色
1934年 18.5cm×51.5cm

广州艺术博物院藏

水仙竹石图

赵浩公　卢镇寰　李凤公　黄少梅合作
轴　纸本设色
1932年　93.5cm × 34cm

广州艺术博物院藏

红白芍药

赵浩公　李凤公　黄少梅合作

轴　纸本设色

1930年　93.5 cm × 32.5 cm

广州艺术博物院藏

五老图

赵浩公　黄少梅合作
轴　纸本设色
1932年　96cm×35cm

广州艺术博物院藏

红白芍药

赵浩公　李凤公　黄少梅合作
轴　纸本设色
1930年　93.5cm×32.5cm
广州艺术博物院藏

五老图

赵浩公　黄少梅合作
轴　纸本设色
1932年　96 cm × 35 cm

广州艺术博物院藏

渔翁罢钓图

赵浩公　利佳士合作
扇面　纸本设色
1933年　18.5cm×51.5cm

广州艺术博物院藏

群猴饮水

赵浩公　罗卓合作
轴　纸本设色
1934年　95 cm × 34.5 cm

广州艺术博物院藏

蜗牛图

赵浩公　卢镇寰合作
扇面　纸本设色
1937年　18.5cm×51.5cm

广州艺术博物院藏

花 鸟

赵浩公　温其球合作
扇面　纸本设色
1929年　18.5cm×51.5cm

广州艺术博物院藏

花 鸟

赵浩公　温其球合作
扇面　纸本设色
1928年　18.5cm×51.5cm

广州艺术博物院藏

花　鸟

赵浩公　郑伯都合作
扇面　纸本设色
1934年　18.5cm×51.5cm

广州艺术博物院藏

花　鸟

赵浩公　朱慧贤合作

扇面　纸本设色

1928年　18.5cm×51.5cm

广州艺术博物院藏

白 兔

赵浩公　罗卓合作
扇面　纸本设色
民国　19cm×51.5cm

广州艺术博物院藏

花　鸟

赵浩公　郑伯都合作
扇面　纸本设色
1936年　18.5cm×51.5cm

广州艺术博物院藏

花　鸟

赵浩公　郑伯都合作
扇面　纸本设色
1936年　18.5cm×51.5cm

广州艺术博物院藏

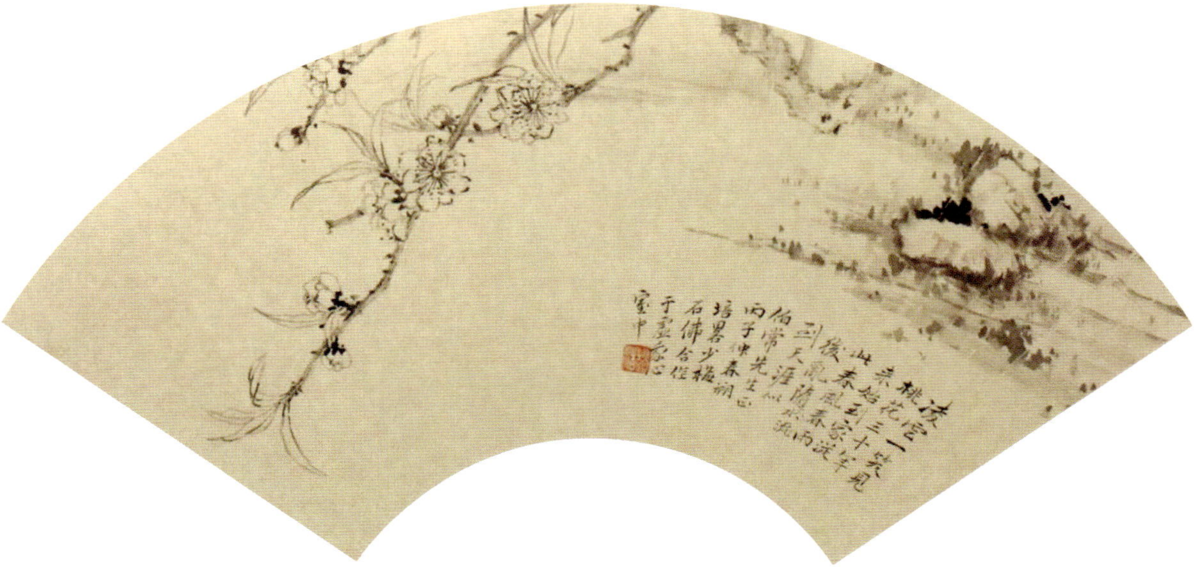

花　鸟

赵浩公　陈培略　黄少梅合作

扇面　纸本设色

1936年　18.5cm×51.5cm

广州艺术博物院藏

花　鸟

赵浩公　陈培略　黄少梅合作

扇面　纸本设色

1936年　18.5cm×51.5cm

广州艺术博物院藏

秋山图

轴 纸本设色

1923年 92 cm × 34 cm

广东省博物馆藏

仿仇英青绿山水

横轴　纸本设色

民国

广东省博物馆藏

青绿山水

四屏 纸本设色
民国

广东省博物馆藏

云山烟树图（仿石涛）

轴　纸本设色

1935年　115.9cm×55.2cm

广东省博物馆藏

临文嘉花卉

扇面 纸本设色
1926年 19cm×52cm

广东省博物馆藏

晚翠（枇杷）图

轴　纸本设色

1930年

广东省博物馆藏

晚翠（花石）图

轴　纸本设色

1930年

广东省博物馆藏

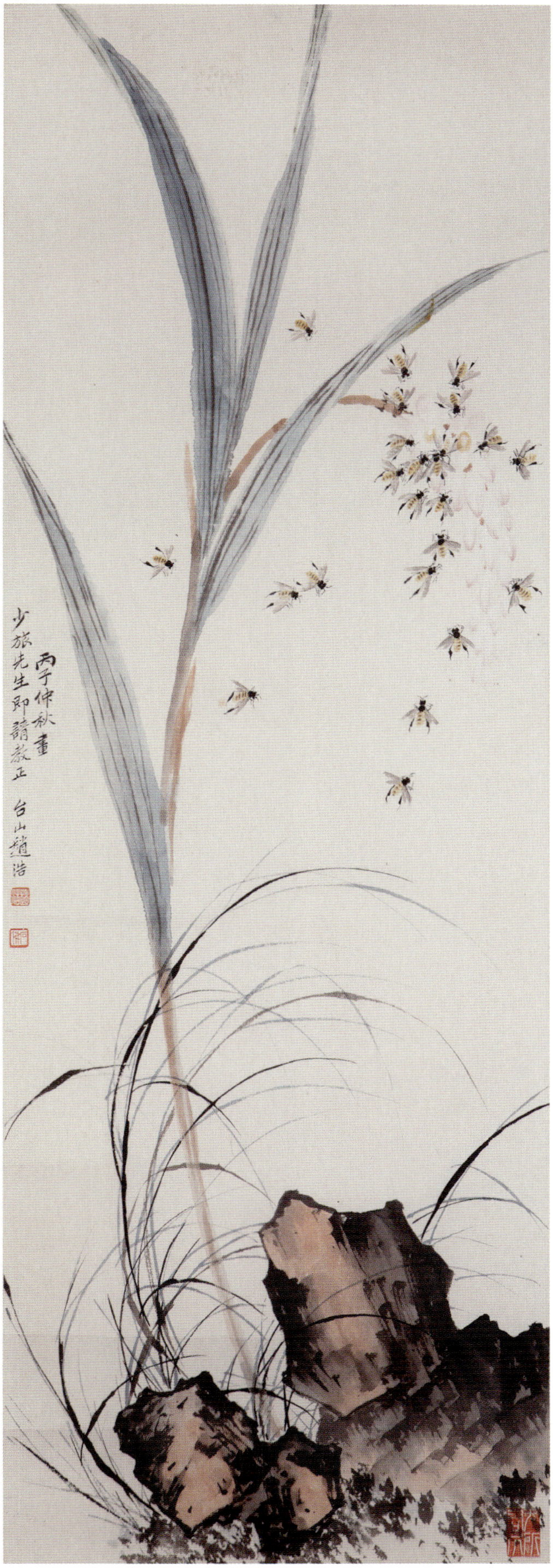

双清图

轴　纸本设色
1936年

广东省博物馆藏

梅石竹雀图

轴　纸本设色

1946年

广东省博物馆藏

竹石图

镜片　纸本水墨

1947年

广东省博物馆藏

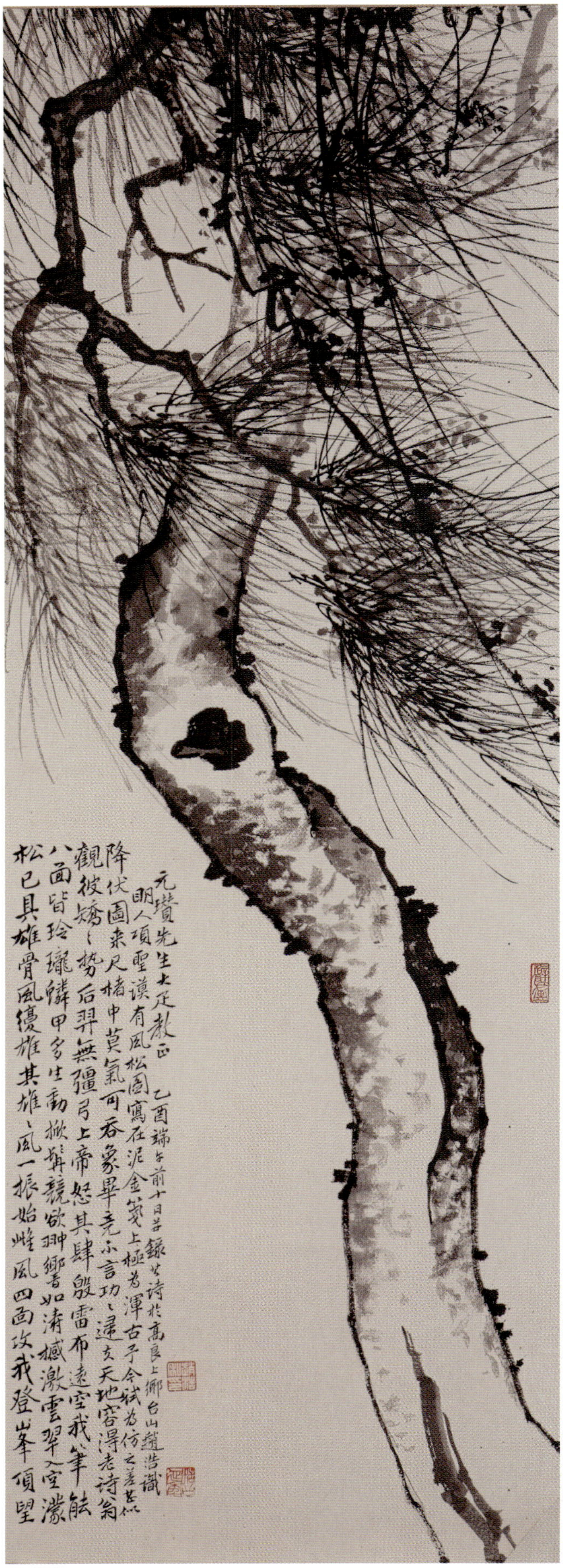

松　树

轴　纸本水墨

1945年

广东省博物馆藏

花　鸟

轴　纸本设色

民国

广东省博物馆藏

花　卉

扇面　纸本设色

1927年　19cm×52cm

广东省博物馆藏

花　卉

扇面　纸本设色

1931年　19cm×52cm

广东省博物馆藏

奇　石

扇面　纸本设色

1931年　19cm×52cm

广东省博物馆藏

花　卉

扇面　纸本设色

1935年　19cm×52cm

广东省博物馆藏

花 石

扇面 纸本设色

1935年 19cm×52cm

广东省博物馆藏

花 卉

扇面 纸本设色

1936年 19cm×52cm

广东省博物馆藏

蔬　果

扇面　纸本设色

1936年　19 cm × 52 cm

广东省博物馆藏

花　卉

扇面　纸本设色

1936年　19 cm × 52 cm

广东省博物馆藏

花　卉

扇面　纸本设色

1936年　19cm×52cm

广东省博物馆藏

花　鸟

扇面　纸本设色

1936年　19cm×52cm

广东省博物馆藏

花　石

扇面　纸本设色
1936年　19cm×52cm

广东省博物馆藏

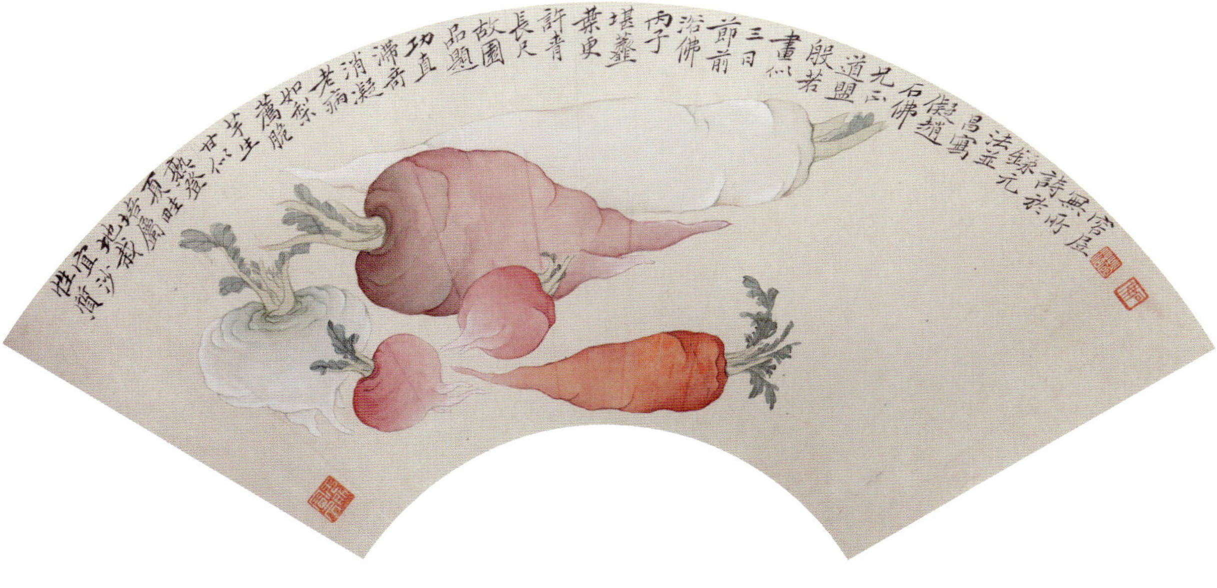

蔬　果

扇面　纸本设色
1936年　19cm×52cm

广东省博物馆藏

花　石

扇面　纸本设色

1936年　19cm×52cm

广东省博物馆藏

花　鸟

扇面　纸本设色

1936年　19cm×52cm

广东省博物馆藏

花　石

扇面　纸本设色
1936年　19cm×52cm

广东省博物馆藏

花　石

扇面　纸本设色
1936年　19cm×52cm

广东省博物馆藏

花　卉

扇面　纸本设色

1936年　19 cm × 52 cm

广东省博物馆藏

菇菌图

扇面　纸本设色

1936年　19 cm × 52 cm

广东省博物馆藏

山　水

扇面　纸本设色

1937年　19cm×52cm

广东省博物馆藏

花　石

扇面　纸本设色

民国　19cm×52cm

广东省博物馆藏

山 水

扇面 纸本设色

民国 19cm×52cm

广东省博物馆藏

花 蝶

扇面 纸本设色

民国 19cm×52cm

广东省博物馆藏

花 卉

扇面　纸本设色
民国　19cm×52cm

广东省博物馆藏

萱 草

扇面　纸本设色
民国　19cm×52cm

广东省博物馆藏

耕牛图

赵浩公　黄少梅　罗卓合作
扇面　纸本设色
1936年　19cm×52cm

广东省博物馆藏

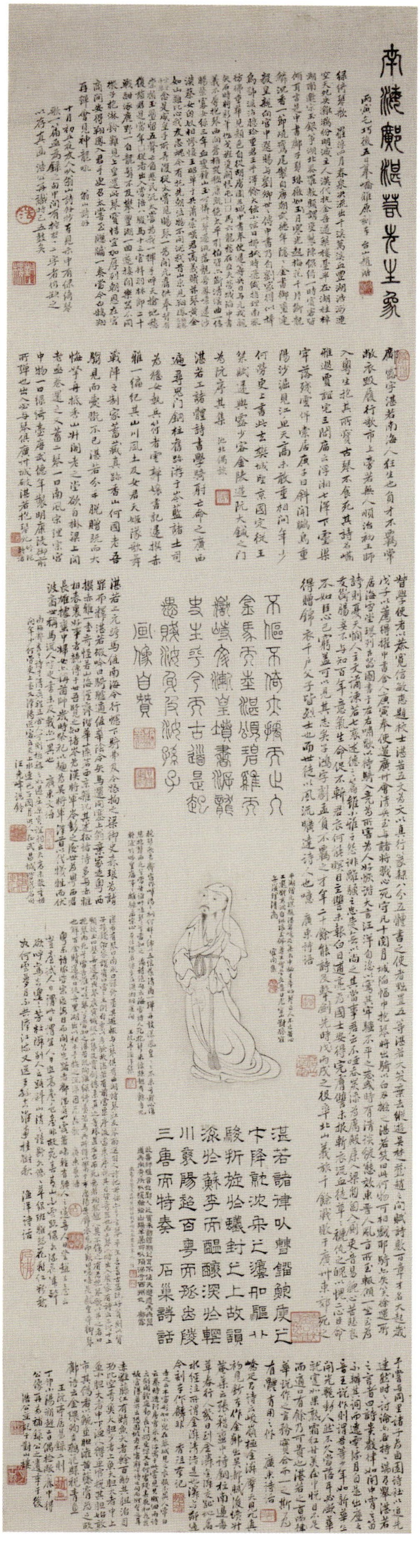

摹邝露像并赞

轴　纸本水墨

1926年　127 cm × 34.5 cm

香港艺术馆藏

仿陈淳花卉

扇面　纸本水墨

1927年　18cm × 53cm

香港艺术馆藏

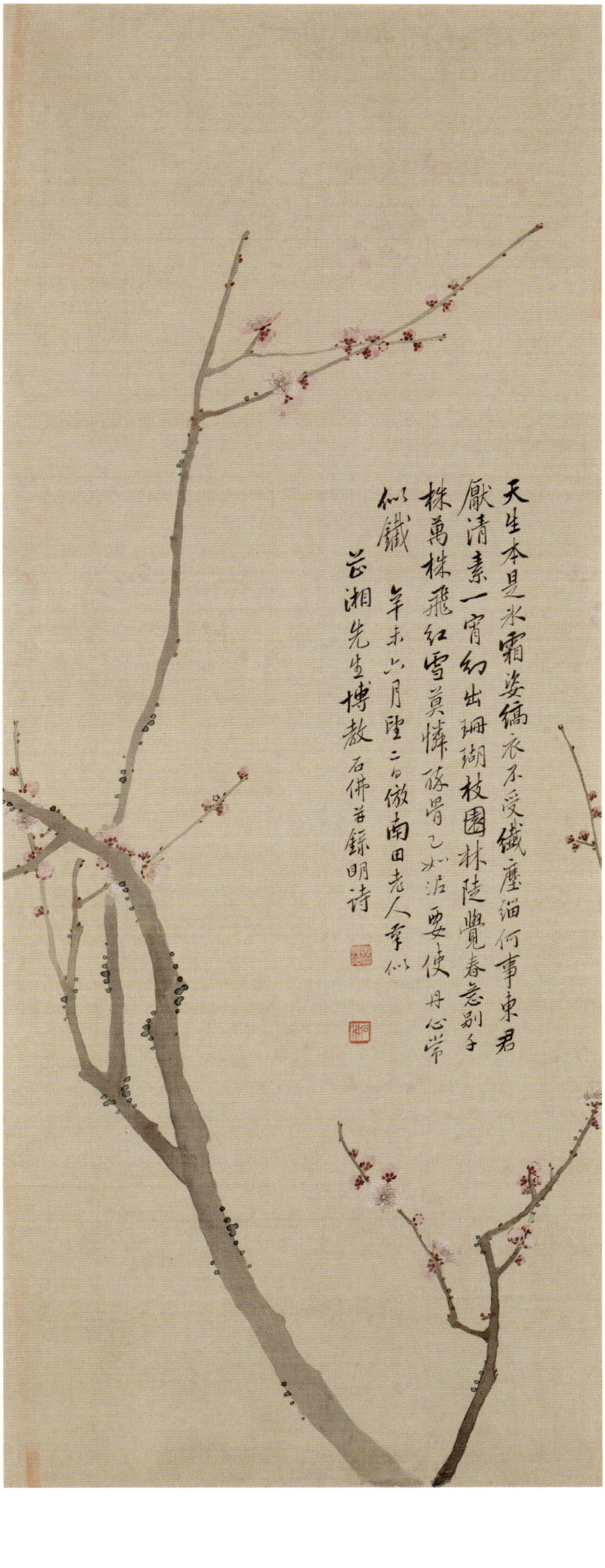

仿恽寿平梅花

轴　绢本设色

1931年　82cm×33cm

香港艺术馆藏

荷花图

轴　纸本水墨

1935年　67.5cm×32cm

香港艺术馆藏

仿宋人栖禽图

轴　纸本设色

1935年　80.2cm×29.5cm

香港艺术馆藏

山　水

轴　纸本设色

1935年　67.5cm×32.5cm

香港艺术馆藏

山 水

轴 纸本设色

1936年 111.5cm×32.5cm

香港艺术馆藏

鹌鹑图

轴　纸本设色

1937年　105cm×40cm

香港艺术馆藏

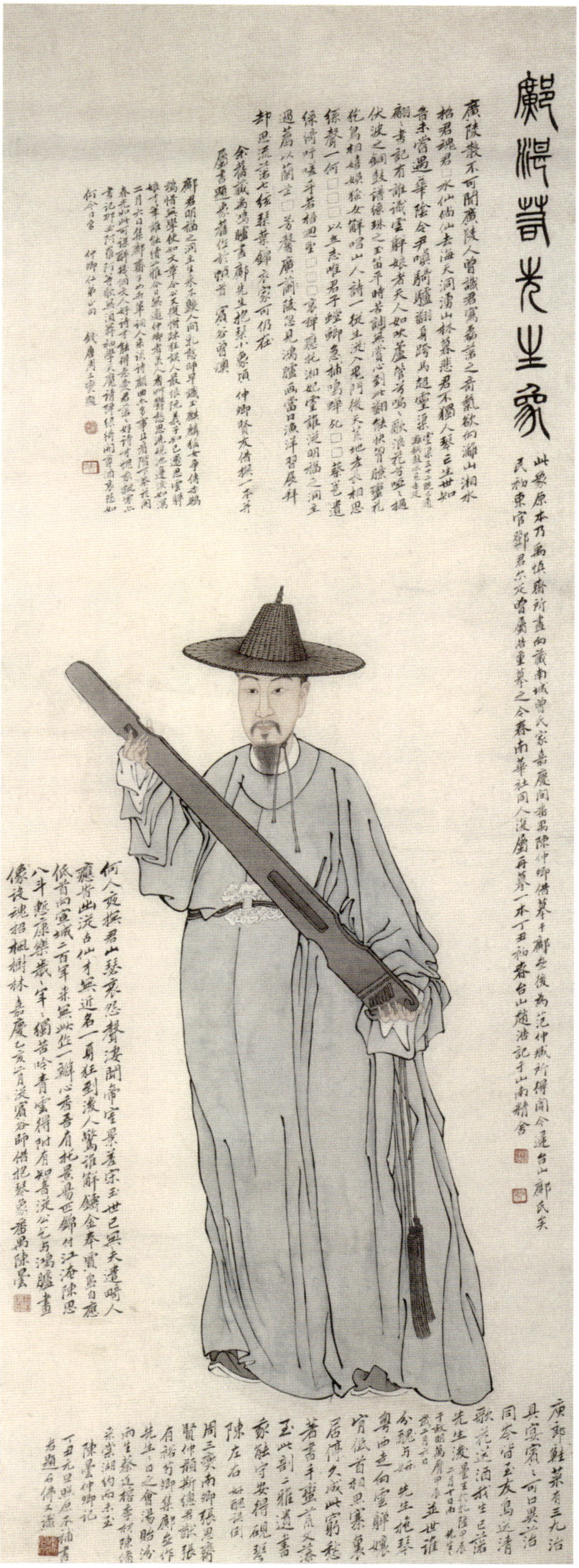

邝露像

轴　纸本设色

1937年　127.5cm×46.8cm

香港艺术馆藏

山水图（正面）

扇面 纸本设色

1938年 18.2cm×51.5cm

香港艺术馆藏

山水图（背面）

桃花白头翁

轴　纸本设色

1940年　68cm×31.5cm

香港艺术馆藏

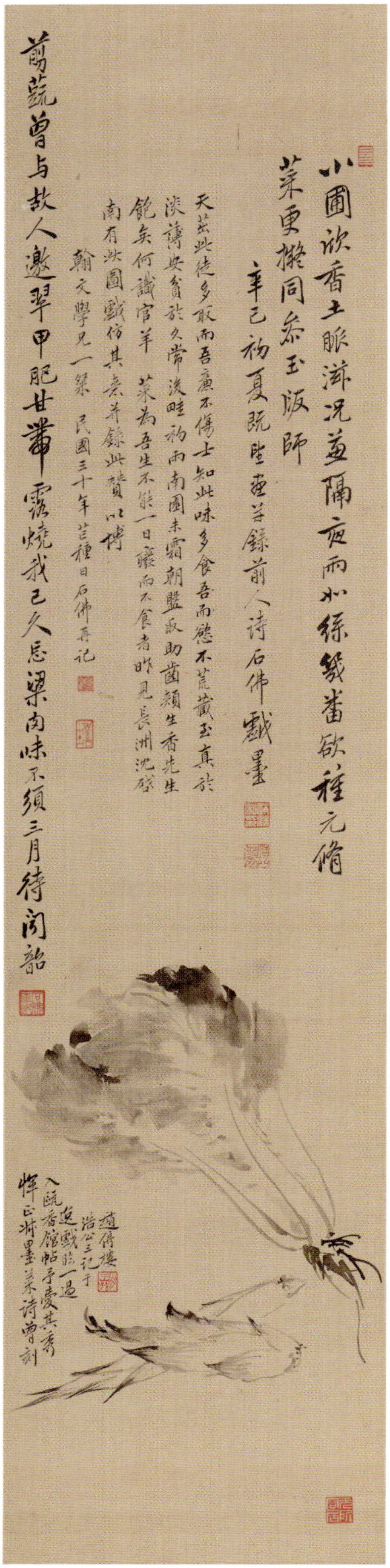

菜荀图

轴 绢本水墨

1941年 108.5 cm × 27 cm

香港艺术馆藏

纯是君子·水仙

轴　纸本水墨

1941年　126.5 cm × 34 cm

香港艺术馆藏

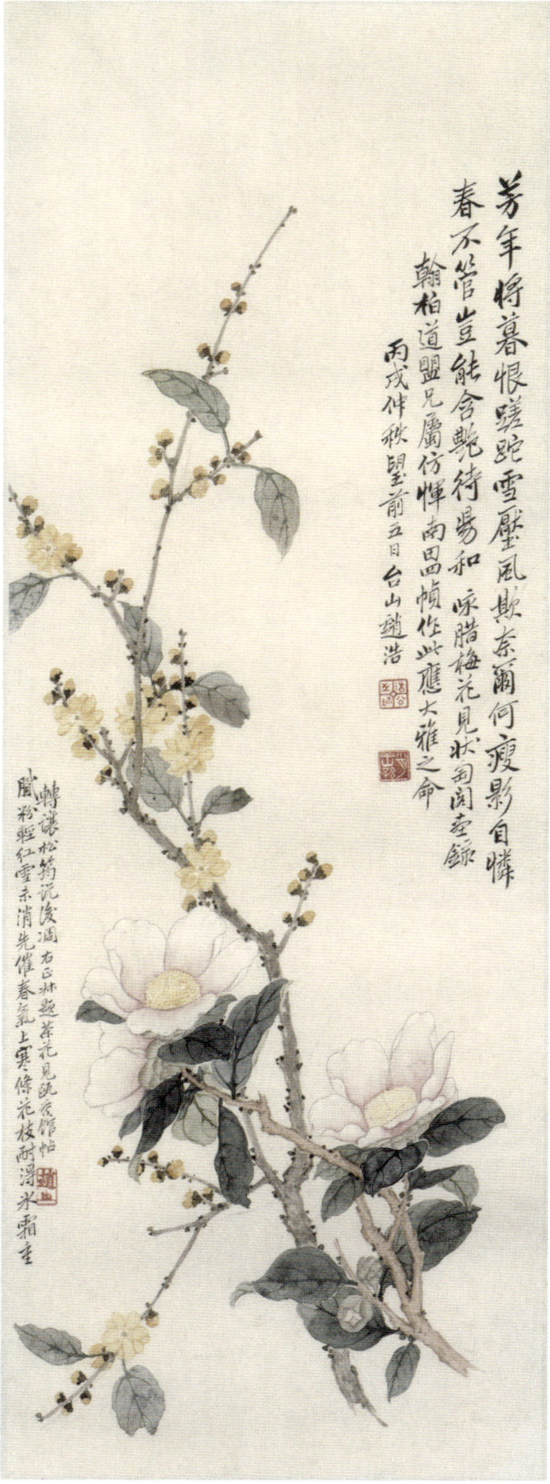

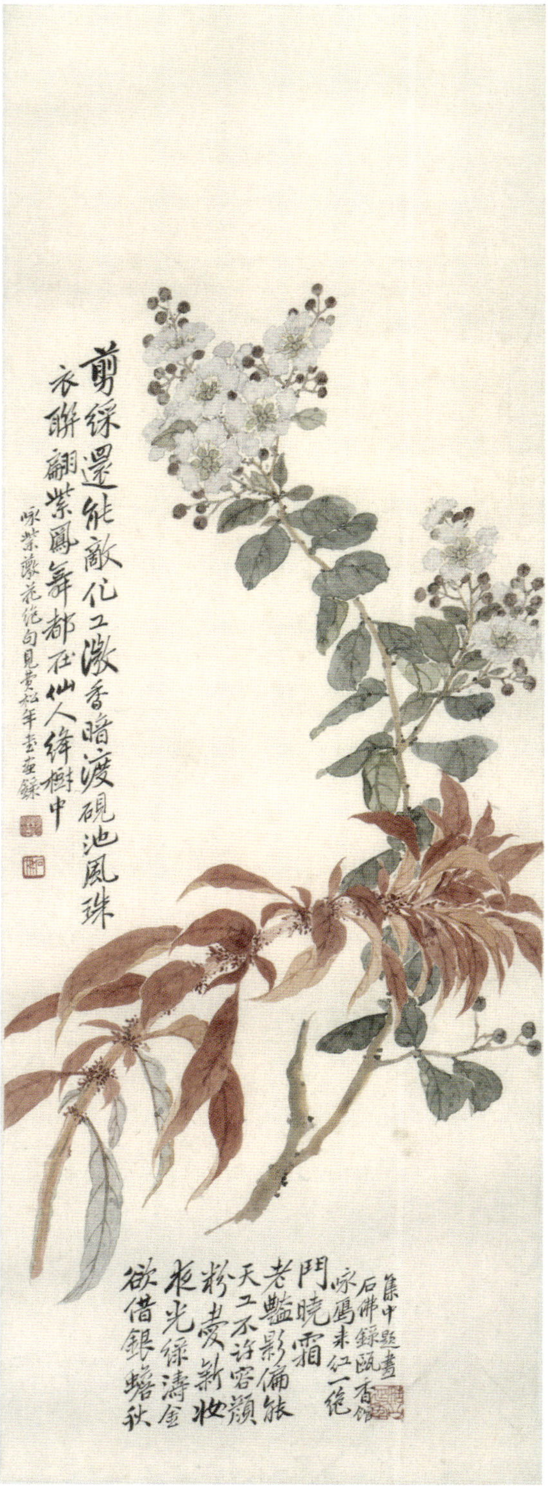

仿恽寿平花卉（四屏）

轴　纸本设色

1946年　77cm×29cm×4

香港艺术馆藏

東風吹滿綠楊煙一樹啼鴉驚曉眠無處踏青〻欲畫高樓閒過杏花天

樹自拓空谷隱桃花應笑武陵迷
漫勞車馬過荒谿閒戶春深紫燕泥

花鸟（三开）

册页　纸本设色

民国　24.5cm×34.5cm×3

香港艺术馆藏

石佛

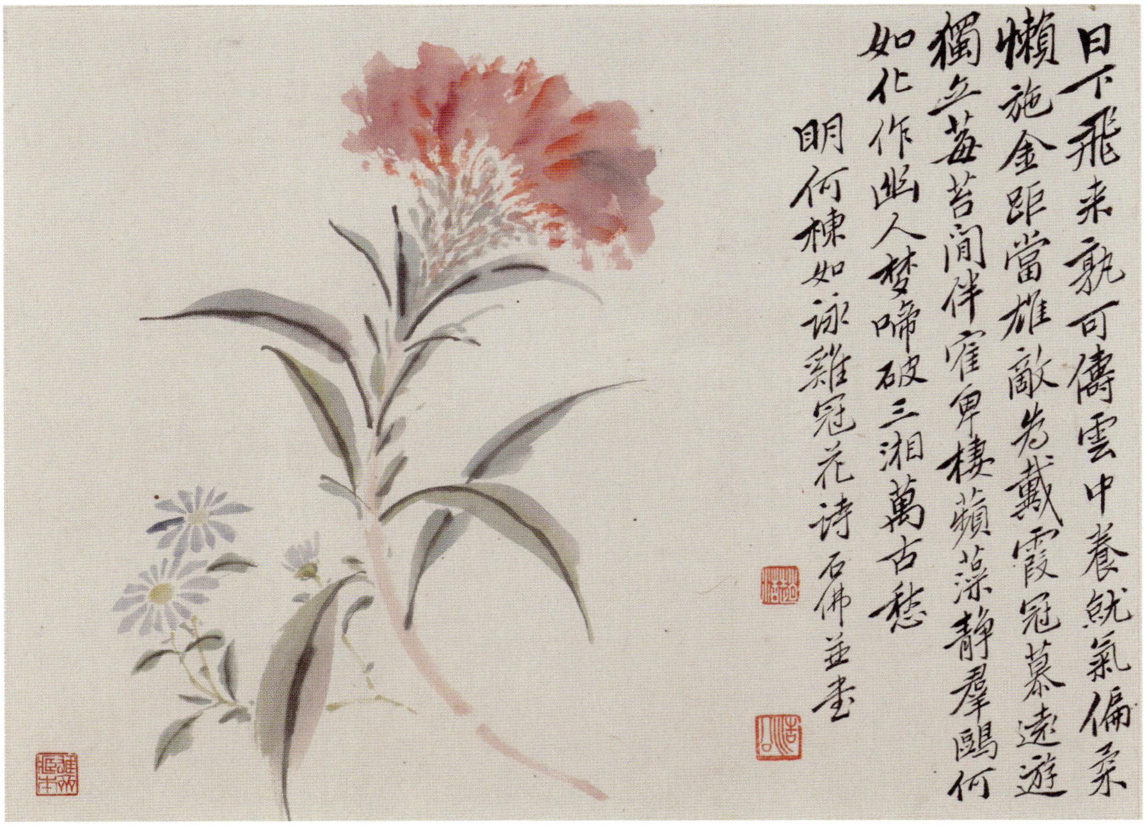
日下飛来孰可儔雲中養就氣偏柔
懶施金距當雄敵先戴霞冠慕遠遊
獨立莓苔閒伴雀卑棲蘋藻靜羣鷗何
如化作幽人夢啼破三湘萬古愁
明何棟如詠雞冠花詩 石佛並書

蕉下罗汉

轴　绢本设色

民国　116.5cm × 38.2cm

香港艺术馆藏

达　摩

轴　纸本设色
1945年　79cm×28cm

香港艺术馆藏

幽斋清供图

轴　纸本设色

1934年　95cm×34.4cm

香港中文大学文物馆藏

南山松柏图

轴　绢本设色

1935年　120 cm × 61 cm

香港中文大学文物馆藏

秋葵文石图

成扇　纸本设色

1935年　23cm×61cm

香港中文大学文物馆藏

松竹石图

轴　纸本水墨

1941年　111cm×56cm

香港中文大学文物馆藏

附　录

赵浩公存世作品知见录

序号	作品名称	形式 / 数量	创作年代	质地颜色	尺寸（厘米）	藏所 / 出处	备注
1	**白鹅图**	轴	民国	绢本设色	179 × 103	广州艺术博物院	个人画
2	**山水图**	片	1924	纸本设色	27 × 31.8	广州艺术博物院	个人画
3	**观崖山水**	轴	1924	纸本设色	96 × 36	广州艺术博物院	个人画
4	**仿戴鹿林山水**	片	1924	纸本设色	27 × 31.8	广州艺术博物院	个人画
5	**水村图**	轴	1929	绢本设色	377 × 108	广州艺术博物院	个人画
6	**仿古山水人物**	四屏	1929	纸本设色	143 × 32.5 × 4	广州艺术博物院	个人画
7	**山水、花卉**	扇面四开	1933—1936	纸本设色	19 × 52	广州艺术博物院	个人画
8	**花鸟、瓜果**	扇面四开	1933—1936	纸本设色	18.5 × 51.5	广州艺术博物院	个人画
9	**花鸟**	扇面五开	1936	纸本设色	18.5 × 51.5	广州艺术博物院	个人画
10	**花鸟草虫**	扇面三开	1936	纸本设色	18.5 × 51.5	广州艺术博物院	个人画
11	**山水、花卉**	扇面三开	1936	纸本设色	18.5 × 51.5	广州艺术博物院	个人画
12	**瓜果**	册页十二开	1936	纸本设色	26.4 × 30.5	广州艺术博物院	个人画
13	**花卉**	轴	1936	纸本设色	105 × 33.5	广州艺术博物院	个人画
14	**双清图**	轴	1936	纸本水墨	95 × 33	广州艺术博物院	个人画
15	**梅花**	扇面册八开	1937、1938、1939	纸本设色	18.5 × 52.5	广州艺术博物院	个人画
16	**芭蕉荷花图**	轴	1924	绢本设色	108 × 40	广州艺术博物院	与姚礼修合作
17	**花鸟**	扇面	1928	纸本设色	18.5 × 51.5	广州艺术博物院	与朱慧贤合作
18	**山亭观瀑图**	轴	1929	纸本设色	94.5 × 34	广州艺术博物院	与黄少梅合作
19	**山水图**	轴	1929	纸本设色	94.5 × 34	广州艺术博物院	与冯缃碧、潘至中、卢镇寰合作
20	**花鸟**	扇面二开	1928、1929	纸本设色	18.5 × 51.5	广州艺术博物院	与温其球合作
21	**山水、花草**	扇面六开	1929—1936	纸本设色	18.5 × 51.5	广州艺术博物院	与黄少梅合作
22	**红白芍药**	轴	1930	纸本设色	93.5 × 32.5	广州艺术博物院	与李凤公、黄少梅合作
23	**雪景山水**	扇面	1931	纸本设色	19 × 53	广州艺术博物院	与冯缃碧合作
24	**水仙竹石图**	轴	1932	纸本设色	93.5 × 34	广州艺术博物院	与卢镇寰、李凤公、黄少梅合作
25	**五老图**	轴	1932	纸本设色	96 × 35	广州艺术博物院	与黄少梅合作
26	**渔翁罢钓图**	扇面	1933	纸本设色	18.5 × 51.5	广州艺术博物院	与利佳士合作

（续表）

序号	作品名称	形式 / 数量	创作年代	质地颜色	尺寸（厘米）	藏所 / 出处	备注
27	梅花松石	扇面	1933	纸本设色	18.5×52	广州艺术博物院	与温其球、罗卓合作
28	山水图	扇面三开	1933—1936	纸本设色	19×52	广州艺术博物院	与郑伯都合作
29	花鸟	扇面二开	1934	纸本设色	18.5×51.5	广州艺术博物院	与郑伯都合作
30	群猴饮水	轴	1934	纸本设色	95×34.5	广州艺术博物院	与罗卓合作
31	双牛图	轴	1934	纸本设色	95×34.5	广州艺术博物院	与罗卓、黄少梅合作
32	走兽·游鱼	扇面三开	1935—1937	纸本设色	19×50	广州艺术博物院	与黄少梅、罗卓、卢镇寰合作
33	杂画	扇面六开	1935—1937	纸本设色	18.5×51.5	广州艺术博物院	与罗卓合作
34	走兽·游鱼	扇面三开	1935	纸本设色	19×50	广州艺术博物院	与罗卓、卢镇寰合作
35	山水图	扇面	1936	纸本设色	18.5×51.5	广州艺术博物院	与周举钧合作
36	杂画	扇面二开	1936	纸本设色	18.5×51.5	广州艺术博物院	与罗卓、卢镇寰合作
37	金鱼图	扇面二开	1936	纸本设色	18.5×51.5	广州艺术博物院	与罗卓、黄少梅合作
38	花鸟	扇面二开	1936	纸本设色	18.5×51.5	广州艺术博物院	与陈培略、黄少梅合作
39	花鸟	扇面五开	1936	纸本设色	18.5×51.5	广州艺术博物院	与郑伯都合作
40	游鱼图	扇面二开	1936	纸本设色	18.5×50.5	广州艺术博物院	与罗卓、余健龠合作
41	岁朝清供图	扇面	1936	纸本设色	18.5×52	广州艺术博物院	与贺文略合作
42	五月花果图	扇面	1936	纸本设色	18.5×51.5	广州艺术博物院	与李凤公、郑伯都、黄少梅合作
43	虞美人花石图	扇面	1936	纸本设色	18.5×51.5	广州艺术博物院	与李凤公合作
44	桃花·野菊	扇面二开	1936	纸本设色	18.5×51	广州艺术博物院	与黄少梅、陈培略合作
45	花草虫图	扇面二开	1936	纸本设色	18.5×51	广州艺术博物院	与陈培略合作
46	红葵拳石图	扇面	1936	纸本设色	33.5×62.5	广州艺术博物院	与贺文略、黄少梅合作
47	篱下西风图	扇面	1936	纸本设色	19×51.5	广州艺术博物院	与黄少梅、卢镇寰合作
48	蛛网图、雪驼图	扇面	1937	纸本设色	18.5×51.5	广州艺术博物院	与罗卓合作
49	海中佳品	扇面	民国	纸本设色	18.5×51.5	广州艺术博物院	与罗卓、温其球合作
50	白兔	扇面	民国	纸本设色	19×51.5	广州艺术博物院	与罗卓合作
51	蜗牛图	扇面	1937	纸本设色	18.5×51.5	广州艺术博物院	与卢镇寰合作
52	青蛙图	扇面	民国	纸本设色	18.5×51	广州艺术博物院	与卢镇寰合作
53	山水图	扇面	民国	纸本设色	18.5×52	广州艺术博物院	与陈培略、卢镇寰合作
54	花卉图	轴	民国	纸本设色	119×48.5	广州艺术博物院	与潘至中、罗卓合作

（续表）

序号	作品名称	形式 / 数量	创作年代	质地颜色	尺寸（厘米）	藏所 / 出处	备注
55	芙蓉草石图	扇面	民国	纸本设色	18.5×50	广州艺术博物院	与卢子枢、黄少梅合作
56	秋色图	扇面	民国	纸本设色	18.5×51	广州艺术博物院	与贺文略、卢镇寰合作
57	秋山图	轴	1923	纸本设色	92×34	广东省博物馆	个人画
58	临文嘉花卉	扇面	1926	纸本设色	19×52	广东省博物馆	个人画
59	寒柳白鹅图	轴	1927	纸本设色	178.8×83	广东省博物馆	个人画
60	花卉	扇面	1927	纸本设色	19×52	广东省博物馆	个人画
61	晚翠（枇杷）图	轴	1930	纸本设色		广东省博物馆	个人画
62	晚翠（花石）图	轴	1930	纸本设色		广东省博物馆	个人画
63	花卉	扇面	1931	纸本设色	19×52	广东省博物馆	个人画
64	云山烟树图（仿石涛）	轴	1935	纸本设色	115.9×55.2	广东省博物馆	个人画
65	花卉	扇面	1935	纸本设色	19×52	广东省博物馆	个人画
66	花石	扇面	1935	纸本设色	19×52	广东省博物馆	个人画
67	椒姜豆芋图	扇面	1936	纸本设色	16.6×56.5	广东省博物馆	个人画
68	萝卜图	扇面	1936	纸本设色	16.6×56.5	广东省博物馆	个人画
69	竹石栖禽图	扇面	1936	纸本设色	16.6×56.5	广东省博物馆	个人画
70	百合图	扇面	1936	纸本设色	16.6×56.5	广东省博物馆	个人画
71	双清图	轴	1936	纸本设色		广东省博物馆	个人画
72	蔬果	扇面	1936	纸本设色	19×52	广东省博物馆	个人画
73	花卉	扇面	1936	纸本设色	19×52	广东省博物馆	个人画
74	花卉	扇面	1936	纸本设色	19×52	广东省博物馆	个人画
75	花鸟	扇面	1936	纸本设色	19×52	广东省博物馆	个人画
76	花石	扇面	1936	纸本设色	19×52	广东省博物馆	个人画
77	蔬果	扇面	1936	纸本设色	19×52	广东省博物馆	个人画
78	花石	扇面	1936	纸本设色	19×52	广东省博物馆	个人画
79	花鸟	扇面	1936	纸本设色	19×52	广东省博物馆	个人画
80	花卉	扇面	1936	纸本设色	19×52	广东省博物馆	个人画
81	花卉	扇面	1936	纸本设色	19×52	广东省博物馆	个人画
82	花石	扇面	1936	纸本设色	19×52	广东省博物馆	个人画
83	花石	扇面	1936	纸本设色	19×52	广东省博物馆	个人画
84	菇菌图	扇面	1936	纸本设色	19×52	广东省博物馆	个人画
85	山水	扇面	1937	纸本设色	19×52	广东省博物馆	个人画
86	摹钱选《梨花图》	卷	1938			广东省博物馆	个人画
87	松树	轴	1945	纸本水墨		广东省博物馆	个人画
88	梅石竹雀图	轴	1946	纸本设色		广东省博物馆	个人画
89	竹石图	镜片	1947	纸本水墨		广东省博物馆	个人画

（续表）

序号	作品名称	形式 / 数量	创作年代	质地颜色	尺寸（厘米）	藏所 / 出处	备注
90	仿仇英青绿山水	横轴	民国	纸本设色		广东省博物馆	个人画
91	青绿山水	四屏	民国	纸本设色		广东省博物馆	个人画
92	抚滕昌祐白鹅图	轴	1930	纸本设色		广东省博物馆	个人画
93	花鸟	轴	民国	纸本设色		广东省博物馆	个人画
94	摹倪瓒《山水图》	卷	民国			广东省博物馆	个人画
95	山水	扇面	民国	纸本设色	19×52	广东省博物馆	个人画
96	花石	扇面	民国	纸本设色	19×52	广东省博物馆	个人画
97	花蝶	扇面	民国	纸本设色	19×52	广东省博物馆	个人画
98	奇石	扇面	1931	纸本设色	19×52	广东省博物馆	个人画
99	花卉	扇面	民国	纸本设色	19×52	广东省博物馆	个人画
100	萱草	扇面	民国	纸本设色	19×52	广东省博物馆	个人画
101	红梅翠竹	轴	1924	纸本设色	94×43	广东省博物馆	与卢镇寰、卢观海合作
102	渔父图	轴	1927	纸本设色	94.4×42	广东省博物馆	与卢镇寰合作
103	溪阁读书图	扇面	1927	纸本水墨	18×52	广东省博物馆	与李研山合作
104	坐禅图	扇面	1928	纸本设色	18×59	广东省博物馆	与冯缃碧、黄少梅合作
105	耕牛图	扇面	1936	纸本设色	19×52	广东省博物馆	与黄少梅、罗卓合作
106	狸奴图	扇面	1937	纸本设色	18×59	广东省博物馆	与罗卓合作
107	山水图	轴	民国			广东省博物馆	与冯缃碧、卢镇寰合作
108	山水图	轴	民国			广东省博物馆	与卢镇寰合作
109	山水图	扇面	民国			广东省博物馆	与潘至中合作
110	梅花水仙	轴	民国			广东省博物馆	
111	牡丹文石图	轴	民国			广东省博物馆	与潘至中合作
112	山水	轴	民国			广东省博物馆	与卢镇寰合作
113	花卉图	册	民国			广东省博物馆	与黄少梅合作
114	羌花图	轴	民国			广东省博物馆	与黄桂庭合作
115	摹邝露像并赞	轴	1926	纸本水墨	127×34.5	香港艺术馆	个人画
116	仿陈淳花卉	扇面	1927	纸本水墨	18×53	香港艺术馆	个人画
117	仿恽寿平梅花	轴	1931	绢本设色	82×33	香港艺术馆	个人画
118	荷花图	轴	1935	纸本水墨	67.5×32	香港艺术馆	个人画
119	仿宋人栖禽图	轴	1935	纸本设色	80.2×29.5	香港艺术馆	个人画
120	山水	轴	1935	纸本设色	67.5×32.5	香港艺术馆	个人画
121	山水	轴	1936	纸本设色	111.5×32.5	香港艺术馆	个人画
122	鹌鹑图	轴	1937	纸本设色	105×40	香港艺术馆	个人画

（续表）

序号	作品名称	形式 / 数量	创作年代	质地颜色	尺寸（厘米）	藏所 / 出处	备注
123	邝露像	轴	1937	纸本设色	127.5×46.8	香港艺术馆	个人画
124	山水图	扇面	1938	纸本设色	18.2×51.5	香港艺术馆	个人画
125	桃花白头翁	轴	1940	纸本设色	68×31.5	香港艺术馆	个人画
126	莱菔图	轴	1941	绢本水墨	108.5×27	香港艺术馆	个人画
127	纯是君子·水仙	轴	1941	纸本水墨	126.5×34	香港艺术馆	个人画
128	达摩	轴	1945	纸本设色	79×28	香港艺术馆	个人画
129	仿恽寿平花卉	四屏	1946	纸本设色	77×29×4	香港艺术馆	个人画
130	花鸟	册页三开	民国	纸本设色	24.5×34.5×3	香港艺术馆	个人画
131	蕉下罗汉	轴	民国	绢本设色	116.5×38.2	香港艺术馆	个人画
132	米芾拜石图	轴	1924	纸本设色	107×33	香港艺术馆	与罗卓合作
133	松竹石图	轴	1926	纸本设色	33×110	香港艺术馆	与卢镇寰、卢观海合作
134	华当屋图	轴	1928	纸本设色	94×34.2	香港艺术馆	与卢镇寰、张谷雏合作
135	村景	扇面	1928	纸本设色	19×52	香港艺术馆	与邓芬、黄少梅、卢镇寰合作
136	花卉	轴	1930	纸本设色	94.5×37.5	香港艺术馆	与李凤公、沈鹤巢合作
137	山水/ 行书	扇面	1938	纸本设色	18.2×51.5	香港艺术馆	与潘博泉合作
138	兰石图	轴	民国	纸本设色	94.5×34.7	香港艺术馆	与李凤公合作
139	啼莺	轴	民国	纸本水墨	96×35.5	香港艺术馆	与邓芬合作
140	幽斋清供图	轴	1934	纸本设色	95×34.4	香港中文大学文物馆	个人画
141	南山松柏图	轴	1935	绢本设色	120×61	香港中文大学文物馆	个人画
142	秋葵文石图	成扇	1935	纸本设色	23×61	香港中文大学文物馆	个人画
143	芭蕉图	轴	1936	纸本水墨	76×27	香港中文大学文物馆	个人画
144	松竹石图	轴	1941	纸本水墨	111×56	香港中文大学文物馆	个人画
145	苍鹰图	轴	民国	纸本水墨	96×35	香港中文大学文物馆	个人画
146	花石图	轴	1923	纸本设色	94×42	香港中文大学文物馆	与高奇峰合作
147	花卉	扇面	1935	纸本设色	18.5×51	香港中文大学文物馆	与郑伯都合作
148	花卉	扇面	1935	纸本设色	18.5×51	香港中文大学文物馆	与郑伯都合作
149	花卉	扇面	1936	纸本设色	18.5×51	香港中文大学文物馆	与陈培略合作
150	花卉	扇面	1936	纸本设色	18.5×51	香港中文大学文物馆	与陈培略合作
151	花卉	扇面	1936	纸本设色	18.5×51	香港中文大学文物馆	与陈培略合作
152	花卉	扇面	1937	纸本设色	18.5×51	香港中文大学文物馆	与陈培略合作
153	芭蕉图	轴	1943	纸本设色	98.4×33.4	黄大德	个人画
154	白梅寿石	扇面	民国	纸本设色	19.9×49.5	黄大德	个人画

赵浩公简明年表

1881年
辛巳

七月初九生于广州。祖籍广东台山。

1894年
十三岁 / 甲午

到广州司后街（今越华路）五云亭的古画店当学徒。由于粗通文墨，被老板免去杂务，得以一面学习裱画，一面学习临摹古画。

1897年
十六岁 / 丁酉

在广州参股经营画肆“兰雪斋”（位于今越华路）。

1898年
十七岁 / 戊戌

跟从仿古名家王竹虚习画，广泛接触中国历代绘画遗迹。

1901年
二十岁 / 辛丑

20岁后致力于金碧山水。曾历时数月，废寝忘食，精心作《汉宫行乐图》。

1909年
二十八岁 / 己酉

招卢镇寰入画店学裱画，并教其观摩及临摹古画。

1914年
三十三岁 / 甲寅

与卢镇寰合伙，全面顶承兰雪斋。

1916年
三十五岁 / 丙辰

以卖画之资，在兰雪斋对面的择仁里筑园而居，并设“山南画社”授徒。

1918年
三十七岁 / 戊午

致力收购广州拆旧城墙之古砖瓦，自命其室曰“千甓精庐”，并篆“甓庐”印章。

1919年
三十八岁 / 己未

夏，其师王竹虚患病，自知不起，特写《崖门独吊图》一画相赠爱徒。

1920年
三十九岁 / 庚申

画作入选《岭南名画集》。

1921年
四十岁 / 辛酉

受聘为“广东省第一回美术展览会” 之“国画审查委员”。强烈反对高剑父等人融合日本画的“新国画”，请辞；得陈炯明会长（省长）挽留。主办方为调和矛盾，把国画审查分成两部分：一部分由高剑父等人评选，另一部分由赵浩公等人评选。

广东省第一回美术展览会于1921年12月20日至1922年1月20日在广州举行。

1923年
四十二岁 / 癸亥

7月，与潘至中、姚礼修、黄般若、罗卓、卢镇寰、黄少梅、卢观海八人以该年的干支为名，结“癸亥合作画社”于广州，后增加邓芬、卢子枢、黄君璧、张谷雏、何冠五、李瑶屏六人。画社正式向广东省教育厅呈请立案，并获批准。

1924年
四十三岁 / 甲子

8月17—21日，参与癸亥合作画社同人在广州的番禺师范学校举办的第一回国画展览会。

1925年
四十四岁 / 乙丑

3月，出席癸亥合作画社会议，决议将画社扩展为“国画研究会”，并当即与同人捐款筹备。26日，参与讨论并通过向广东省政府部门递交的“立案呈文”。

5月11日，与画社同人在广州《民国日报》上，刊登《广东国画研究会会员征集启事》。

7月9—11日，参与癸亥合作画社在广州举办的“卖画援助‘五卅惨案’工人罢工”活动。

8月19—23日，参与在广州的番禺师范学校举办的癸亥合作画社第二回国画展览。

12月15日，送画作参与在广州举办的“慰劳统一广东前敌革命军人游艺会”；并与数十位广东美术界人士出席在第一公园召开的挥毫大会。

1926年
四十五岁 / 丙寅

2月，国画研究会正式向广东省教育厅呈文立案，同月得到同意成立之批复。

此后，东莞、香港两地的分会相继成立。

11月，国画研究会迁入广州六榕寺人月堂。参与迁址后的第一回画展。

1927年
四十六岁 / 丁卯

3月1日，与潘达微一起授意黄般若在《国民新闻》之《新时代》专栏发表《新派画是中国的衣冠吗？》一文，对月前高剑父授意方人定撰写的《新国画与旧国画》一文给予反击。

1928年
四十七岁 / 戊辰

担任国画研究会第三届常务委员。

3月4日，被广东省教育厅选为国画审查委员（共9人），为全国美术展览会征集作品。

9月9日，出席国画研究会在六榕寺举行的“欢迎黄宾虹先生到广州大会”。

重阳节，参与国画研究会发起的“纪念黄花岗七十二烈士”活动，以菊花为画题作画，刊于《非非画报》第五期。

1929年

四十八岁 / 己巳

3月31日，为病逝的潘至中作挽联、挽诗。

是年，在广州《国民新闻》连载《读雨庵画缘录》90余则，以及连载《植物画谱》；在《画风》连载《对山楼画缘录》。

任第一次全国美术展览会广东出品审查委员。

1932年

五十一岁 / 壬申

8月，接受广州市立美术学校（简称“市美”）校长李研山聘请，出任市美的中国画系教授。

1933年

五十二岁 / 癸酉

出任上海东北义勇军后援会、中华民国救国团体联合会、中国画会联合举办的“全国艺术家捐助东北义勇军作品展览会”的筹备委员。

1934年

五十三岁 / 甲戌

接受国立中山大学（简称“中大”）校长邹鲁的聘请，出任中大的美术教授。为配合教学，著《花鸟画法》一书，由中大出版。

受聘为广东省立勷勤大学师范学院图画科教授。

1936年

五十五岁 / 丙子

因市美新任校长李金髮重用“折衷派”教员，遂辞职。

被聘为第二次全国美术展览会广东预展会的中国画审查委员。

1937年

五十六岁 / 丁丑

第二次全国美术展览会广东预展会在广州举行，任国画审查员。以“牛口”之名，在《第二次全国美展广东预展会专刊》上发表《二次全美展览审查之我见》一文。

1938年

五十七岁 / 戊寅

日军逼近，10月21日广州沦陷。毅然舍弃广州殷实的家境，举家出逃到香港，以卖画、授徒维持生计。

1939年

五十八岁 / 己卯

10月，中国文化协进会在香港成立，任美术研究委员会委员。

1940年

五十九岁 / 庚辰

5月，与黄般若、卢镇寰在香港举办“三友画展”。

6月，有画作参与中英、中美文化协进会与香港艺术研究社联合举办的第五回艺术观赏会。

9月13日，在香港发表《画的抄袭及其他》一文（《文化界》第23期，中国文化协进会）。

11月16日，出席在香港大学冯平山图书馆举行的“明末四画僧之画”座谈会，并作长篇发言。

1941年

六十岁 / 辛巳

5月，任中国文化协进会在香港举办的“东江兵赈书画展会”陈列组成员，并捐出10件作品。

9月，任中国文化协进会第三届艺术研究委员会委员。

传略被收入李健儿主编的《广东现代画人传》。

12月25日，日军攻陷香港，策划出逃。

1942年

六十一岁 / 壬午

3月，率家人逃离香港，徒步50余天，历尽艰辛，到达粤北山区的连县三江镇。

10月4—6日，协助香翰屏举办古书画展览，为韶关《大光报》募捐“读者号”滑翔机，以及为方便医院筹募救护基金，在现场即席挥毫，售画数十幅筹款。

1943年

六十二岁 / 癸未

从连县寄48幅画作到重庆，拟由胡毅生为其主持举办个人画展。适逢广东发生严重饥荒，当即决定将此批绘画全部参与在渝的赈灾义卖。

1945年

六十四岁 / 乙酉

8月15日，日本宣布投降。

9月1—4日，出画作30余幅，参与“广州市美留连（县）师生庆祝胜利画展”。

10月下旬，离开连县回归广州。回穗后，看到藏在家中的十多箱绘画与文物被日寇搜掠一空，悲愤交加，大病一场。

1946年

六十五岁 / 丙戌

恢复广州的“山南画社”。

1947年

六十六岁 / 丁亥

1月2日，与冯钢百、胡根天、黄般若、李研山、吴琬等人于广州的“黄图画廊”举行美术展览。

9月13日，在广州《中山日报》发表《国画研究会是怎样成长起来的》一文。

10月，参与国画研究会与广东美术协会、市美同学会发起的联合画展，在广州的广东省立中山图书馆展出。

11月17日，与李研山、黄般若等人于广东文献馆内聚会，商议重组国画研究会。

事迹被收入《中华民国三十六年中国美术年鉴》。

1948年

六十七岁 / 戊子

2月，抱病前往参观方人定在广东文献馆举办的个人画展。

9月2日，在广州病逝。

注：本年表参照黄大德先生撰写的《赵浩公年表》，做相应的修改、补充。特此鸣谢黄大德先生。

参考资料

一、论著

1. 癸亥合作画社, 编. 癸亥合作画社. 广州, 1924.

2. 国画研究会, 编. 国画研究会特刊. 广州, 1926.

3. 国画研究会, 编. 国画丛刊. 广州, 1926.

4. 国画研究会, 编. 国画特刊(共7期), 广州, 1927—1935.

5. 国画研究会, 编. 画风(共3期), 广州, 1929—1930.

6. 黄大德, 编撰. 赵浩公年表//广东“国画研究会”研究. 广州: 岭南美术出版社, 2010.

7. 黄小庚, 吴瑾, 编. 广东现代画坛实录. 广州: 岭南美术出版社, 1990.

8. 黄大德, 编. 黄般若美术文集. 北京: 人民美术出版社, 1997.

9. 郑春霆. 岭南近代画人传略. 香港: 广雅社, 1987.

10. 黄蒙田. 艺苑交游录. 广州: 岭南美术出版社, 1985.

11. 陈滢. 岭南花鸟画流变(1368—1949). 上海: 上海古籍出版社, 2004.

12. 朱万章, 郭燕冰, 主编. 广东“国画研究会”研究. 广州: 岭南美术出版社, 2010.

13. 林木. 20世纪中国画研究·现代部分. 南宁: 广西美术出版社, 2000.

14. 李伟铭. 图像与历史——20世纪中国美术论稿. 北京: 中国人民大学出版社, 2005.

15. 谢文勇, 编. 广东画人录·修订本. 广州: 广州美术馆, 1996.

16. 苏小华, 编. 广州美术馆藏品目录. 广州: 花城出版社, 2000.

17. 香港中文大学文物馆, 编. 香港中文大学文物馆藏广东书画. 香港: 香港中文大学文物馆, 1981.

18. 岭南画派纪念馆, 编. “国画复活运动与广东中国画”国际学术研讨会论文集. 广州: 岭南美术出版社, 2017.

19. 陈滢, 杨彬, 翁泽文, 编. 广东国画研究会(二十世纪广东美术家系列作品集). 南昌: 江西美术出版社, 2004.

20. 广东省博物馆, 香港中文大学文物馆, 编. 守望传统: 广东国画研究会·一九二三至一九三七年. 香港: 香港中文大学文物馆, 2006.

21. 广州艺术博物院, 广州美术馆, 编. 馆藏历代绘画·广东国画研究会专辑. 广州: 广州艺术博物院, 广州美术馆, 2000.

22. 香港中文大学文物馆, 编. 黄般若的世界. 香港: 香港中文大学文物馆, 1998.

23. 香港艺术馆, 编. 抗心希古: 李研山的艺术. 香港: 香港艺术馆, 2011.

24. 澳门市政厅, 编. 邓芬百年艺术回顾. 澳门: 澳门市政厅, 1997.

25. 叶燿才，编. 卢子枢书画集. 广州：岭南美术出版社，1999.

26. 广东名画家选集编辑委员会，编. 广东名画家选集. 广州：中国美术家协会广东分会，1961.

27. 香港艺术馆，编. 二十世纪中国绘画. 香港：香港艺术馆，1984.

28. 香港艺术馆，编. 传统与创新·二十世纪中国绘画. 香港：香港市政局，1995.

二、论文

1. 黄大德. 癸亥合作社——广东国画研究会大事记. 广州美术研究，1990（4）.

2. 黄大德. 广东丹青五十年——1900至1949广东美术大事记（征求意见稿）. 广东美术家通讯，1994（28）.

3. 黄大德. 与“正史”相悖的国画研究会（未刊稿）.

后记

陈滢

在过去一段时间的广东现代美术历史研究中，国画研究会及其画家几近是一个边缘化的角色，或是完全被忽视、被遗忘，或是被当成“落后保守”的代表加以批判。

近十多年来，国画研究会的历史研究得到了应有的重视。越来越多的人认识到，自20世纪中期以来对国画研究会的忽视与否定是错误的、偏颇的。随着研究的深入，国画研究会越来越彰显出它的重要意义：在20世纪上半叶的广东，国画研究会是规模最大、人数最多且影响广泛的美术社团；国画研究会所走过的捍卫民族艺术、在继承传统的基础上促使中国画走向现代的道路，到今天看来仍然有着积极的意义与相当的学术深度。国画研究会与今人耳熟能详的岭南画派，共同造就了20世纪前期广东画坛开放、多元、繁荣的局面。

基于上述的认识，我在“岭南画库”丛书的课题中，承接了撰写《赵浩公》一书的任务，希望通过对赵浩公及国画研究会的艺术活动与创作成果的研究，尽量全面地、真实地还原20世纪前期广东画坛的面貌，并重新审视百年来中国画坛的风云际遇，反思百年来中国画革新历程的成败得失，从而进一步认识中国画自身独特的发展规律，深入探讨中国画的当代价值。

2013年4月一稿

2022年3月改定